易經的管理思想

張 廣 福 著

中國古代管理叢書

文史哲出版社印行

國家圖書館出版品預行編目資料

易經的管理思想 / 張廣福著 -- 初版 -- 臺北
市：文史哲出版社, 民 110.06
　　頁；　公分（中國古代管理叢書；1）
　　ISBN 978-986-314-556-1（平裝）

1.易經　2.管理理論　3.企業管理

494　　　　　　　　　　　110009474

中國古代管理叢書　1

易經的管理思想

著　　　者：張　　　廣　　　福
出　版　者：文　史　哲　出　版　社
　　　　　　http://www.lapen.com.tw
　　　　　　e-mail：lapen@ms74.hinet.net
登記證字號：行政院新聞局版臺業字五三三七號
發　行　人：彭　　　正　　　雄
發　行　所：文　史　哲　出　版　社
印　刷　者：文　史　哲　出　版　社
　　　　　　臺北市羅斯福路一段七十二巷四號
　　　　　　郵政劃撥帳號：一六一八〇一七五
　　　　　　電話886-2-23511028 ‧ 傳真886-2-23965656

定價新臺幣二八〇元

二〇二一年（民一一〇）六月初版

序

　　政大企管研究所碩士班畢業後，一個因緣際會來到國防管理學院（現國防大學管理學院）企業管理系任教，擔任講師。當年在企研所，我主修生產管理，碩士論文是寫非營利事業的行銷。在系上，主要講授管理學、組織行為、行銷管理等課程。授課之餘，還沒有明確的發展領域鑽研，於大兒張倫就讀東吳大學政治系，有一門課是「中國政治思想史」，及二兒張帆當年讀東吳大學哲學系所修的「中國哲學思想史」，筆者不經發現在經濟學、軍事學等領域、也有類似的專書。回顧在當年企管系沒有「中國管理思想史」課程，也沒有這些相關專書，閒暇之餘偶然間在國家圖書館看到內地學者劉柏云撰寫的《中國管理思想史》，於是興起了撰寫本書的動機。

　　本書能夠順利出版問世，除了感謝我的碩士論文指導教授劉水深先生，以及楊必立、田長模、黃俊英、高孔廉、郭崑謨、司徒達賢等諸位老師的殷勤指導與教誨。還要謝謝黃靜怡小姐幫忙打字、文史哲出版社彭雅雲小姐協助出版等事宜。這一路走來家妹筧芬、妹婿李永孝、表哥吳清淋、蕭素琴小姐、文天培先生；企研所學長張家生、沈鵬飛；企研所同學張緯良、萬英豪、劉原超；空軍官校同學于守仁、李勝雄、林文輝、朱吉

男；屏東空小同學蓋棟、蔡公民；主內兄弟姊妹張維安、李雪珊、李築宇、楊寶鈞，給我支持與鼓勵，在此一併致謝。

　　這是起頭書，其範疇龐大，筆者將它一一條例論述，最後再統整起來。目前已規劃完成《商鞅的管理思想》、《法家管理思想》、《易經的管理思想》等文稿。而手中也陸續進行《儒家管理思想》撰寫中。個人才疏學淺，尚祈博君雅士不吝指正。

　　——此書獻給唸管理與任管理職的朋友們

　　　　　　　　張廣福謹識 2020 年 10 月 21 日

易經的管理思想

目　次

序………………………………………………………………… 1

一、前　言…………………………………………………… 5

二、管理思想之定義………………………………………… 7

三、易經的創業理念………………………………………… 13

四、易經的經營理念………………………………………… 37

五、易經的經營策略………………………………………… 63

六、易經的競爭策略………………………………………… 83

七、易經的規劃思想………………………………………… 95

八、易經的組織思想………………………………………… 99

九、易經的用人思想………………………………………… 101

十、易經的領導統御思想…………………………………… 107

十一、易經的激勵思想……………………………………… 146

十二、易經的組織變革思想………………………………… 147

十三、易經管理思想對現代管理的涵意…………………… 161

十四、結　論………………………………………………… 173

後　記………………………………………………………… 181

一、前　言

　　《易經》又稱《周易》，是中國最古老的典籍之一。歷代儒家學者，尊它為「群經之首」。相傳伏羲氏畫八卦；周文王將八卦兩兩相重，演繹成六十四卦，並作卦辭、爻辭；孔子作「易傳」。但不同的說法也很多，如：有人認為重卦演卦者是神農氏，而爻辭則是周公所作。無論如何，《易經》一書不是一人、一時所完成的，它有一個較長時期的成書過程[1]。

　　《易經》基於對自然現象的觀察，以六十四卦來說明宇宙、社會和人生及事物的發展與變化，是一部極富哲理的偉大著作，對中國文化的建構有相當大的貢獻，對國人的立身處世也有相當重大的影響。像我們平常耳熟能詳的「飛龍在天」、「九五之尊」與「否極泰來」等，這些都是《易經》中的用語。

　　《易經》包羅萬象，本書則試圖以管理的角度，來探討《易經》中所蘊涵的管理思想，以凸顯中國古聖先賢的管理水平，不讓西方管理思想專美於前。本書乃以三民書局出版，郭建勳教授注譯之《新譯易經讀本》為藍本[2]，探討《易經》的管理思想。

---

1 郭建勳注譯，《新譯易經讀本》，台北：三民書局，2004，導讀頁 10。
2 同前註。

二、管理思想之定義

何謂「管理思想」？黃營杉君在〈我國兵家的管理思想〉博士論文中，對管理思想的定義為：「管理思想係指人類為解決管理問題所發展出來之管理哲學、假設、原則與原理。」[1] 本書擬採用另一種較為明確的定義：

管理思想乃是與創業理念、經營理念、經營策略、競爭策略及各項管理功能有關的假設、理論、原則與方法而能影響管理實務者。

由上述定義來看，管理思想包含了創業理念。什麼是創業理念？創業理念揭櫫在創業的過程中，在不同的階段所應抱持的態度與採取的原則。創業維艱，要掌握時機，要量力而為，要努力奮發，要堅苦卓絕，要恆久忍耐，要絕不放棄；成者為王、敗者為寇。成功了，可以衣錦榮歸；失敗了，無顏見江東父老。創業之初，可不慎乎？

康師父去年在大陸賣出一百億包泡麵，市佔率達到 54%，可說是中國食品業的龍頭老大。但十八年前，康師父的老闆魏應州先生四處籌錢到天津設廠，前三年做清香油、蛋捲就虧了一億多元，再回台灣借錢，加上員工認股投資，才勉強開了第

---

1 黃營杉撰，《我國兵家之管理思想》，政大企管所博士論文，1985，頁 1。

一條泡麵生產線，魏應州為家族最後一搏而御駕親征，再失敗就負債累累、無臉見家鄉的投資人，他必須對自己、對員工殘忍，也造就他嚴厲的管理風格[2]。

魏應州每天早上七點上班，直到深夜十一、二點才下班，真是 7-11，全年無休。當然，影響所及，全體員工也都兢兢業業，不敢有絲毫怠慢。

魏應州為了打開中國市場，於內陸各地分設工廠，擴大產能，使得業績迅速提升，奠定了康師父市場領先的地位。一九九八年，魏應州決定返台購併味全，以每股七十元高價收購味全股權，康師傅入主後，味全股價大跌，讓康師傅損失慘重。再加上一九九七年亞洲金融風暴影響，消費緊縮，一九九八年康師父遭逢創立以來第一次的虧損。

一九九九年中國市場開始出現康師傅即將倒閉的傳聞，當年光是飲料事業就虧掉人民幣兩億五千萬元，康師傅確實已到了快周轉不靈的地步。為了解救危機，魏應州四處求人，甚至求助死對頭：統一企業，最後，才奇蹟似的找到日本三洋食品注資，把康師父從鬼門關前救了回來[3]。

企業經營不同於國家，對國君而言，打天下的工作完成之後，就要開始用另一套方法來治理天下。企業在完成某一個階段性任務之後，似乎另一個階段性任務又隨之而來，沒有絲毫喘息的空間。因為，我們並沒有把競爭對手消滅掉，而更厲害

---

2 周啟東、黃玉禎撰，〈康師父傳奇〉，《今周刊》2009 年 11 月 31 日~2009 年 12 月 6 日，頁 75。
3 同前註，頁 80。

的競爭對手又會隨時出現，所以，經營企業是一場永無止境的競爭過程。

康師父能就此一帆風順，過著幸福、快樂的生活嗎？倒也未必，但英明的領導者總能預見危機，而及早因應。

管理思想所包含的第二個部份是經營理念。

什麼是經營理念呢？我們常聽說台灣的企業經營之神王永慶先生的經營理念，如：「點點滴滴、追根究柢」[4]「站在顧客的立場」等。在此，對經營理念下一個定義：

經營理念乃是企業主對企業之運作、生存及發展有關的基本理念。

經營者的經營理念會塑造企業的組織文化，也會落實到管理制度，然後，會影響到員工的行為。

若經營的對象為一個國家時，則特將經營理念改稱為：治國理念。例如：商鞅的一個治國理念是：求新求變，不法古，不修今。他強調：「苟可以強國，不法其故，苟可以利民，不循其禮。」[5]

接著，談上述管理思想定義中的第三部分：經營策略。美國學者威廉・格魯克與羅倫斯・喬奇（William F. Glueck and Lawrence R. Jauch）對策略的定義為：策略乃用於達成目標之手段。[6]因之，經營策略可定義為：經營策略乃用於達成經營目標之手段。企業常用的策略包括：多國化、多角化、垂直整合、

---

4 伍忠賢著，《台塑王朝》，台北：五南圖書出版公司，2006，第 82 頁。
5 商鞅原著，貝遠辰注譯，《新譯商君書》，台北：三民書局，1996，頁 3。
6 黃營杉著，《中國兵家之管理思想》，台北：中國經濟企業研究所，1986，頁 46。

水平整合、成本領導、差異化等，甚至日前火紅的藍海策略也是差異化經營策略之一。

　　經營者所採行的經營策略，會受到他本身的經營理念的影響。例如：前述王永慶先生的一個經營理念是：「點點滴滴，追根究柢」，在這個經營理念下，就會不斷地致力於合理化，尋求降低成本的方法。成本降低了，就可採行「成本領導」的經營策略。

　　一個企業所採用的經營策略，會影響到它的組織結構。若一個企業準備進入其他行業，即採用「多角化」的策略時，它的組織結構將從「功能性」的組織轉變為「事業部」的組織，即成立其他的事業部以執行新的任務。而國內企業通常將這些事業部提升為子公司，形成一個企業集團，如：台塑企業集團。

　　若經營的對象為一個國家時，則特將經營策略改稱為：治國策略。例如：商鞅的一個治國策略為：重農抑商。即獎勵人民從事農耕，並以禁止糧食買賣等措施來抑制商業活動。[7]

　　接著談上述管理思想定義中的第四部份：競爭策略。什麼是競爭策略？若仿照經營策略的定義，我們也可以為競爭策略下一個定義：競爭策略乃用於達成競爭目標的手段。競爭策略與經營策略有什麼差異呢？若經營目標包括了競爭目標，則經營策略就包含了競爭策略。在此，為何要將競爭策略單獨列出來呢？因為：如此，將可凸顯競爭策略的重要性。雖然，在某些產業中，尤其是寡佔市場，廠商間默契十足，嗅不到彼此競

---

7 商鞅原著，前引書，頁 11。

爭的煙硝味，各種聯合行為忽隱忽現，把消費者當肥羊來宰，如：中油與台塑石油。不過，這畢竟是少數的狀況。

　　競爭策略希望能在諸多競爭對手的中間，找到生存的空間。在紅海中，正面廝殺，可以打你死我活的價格戰；在藍海中，則可以找到尚未被滿足的需求，提供與其他廠商截然不同的產品或服務。[8] 讓我們可以從容、自在，讓我們可以怡然、自得。

　　最後，再來談此管理思想定義中的第五部分：管理功能。管理功能又稱為管理程序，是管理者執行管理工作的程序。費堯是第一位提出管理程序的法國管理實務家，他認為管理者主要在執行：規劃、組織、指揮、協調與控制等五項管理程序。另一位美國管理學者孔茲則倡導：規劃、組織、用人、指導與控制等五項管理程序。[9] 本書擬由規劃、組織、用人、領導統御與激勵等管理功能來探討易經的管理思想。另外，易經中有關組織變革的論述也很多，特以專章介紹，以饗讀者。

---

8 金偉燦、莫伯尼合著，黃秀媛譯，《藍海策略》，〈台北：天下遠見出版公司，2005〉，頁 15。

9 張志育著，《管理學》，〈台北：前程企管公司，2003〉，頁 13。

三、易經的創業理念

在易經中與創業理念有關的計有乾卦、屯卦、訟卦、師卦、履卦、豫卦、升卦、小過卦、既濟卦與未濟卦等十卦。

乾卦爲易經的第一卦，其卦形為：「 ䷀ 」，下卦、上卦均為乾卦，其象為天，其義為健（請參閱 附錄一：八卦之卦形、卦象與卦義）。乾卦以龍為象，說明陽剛之氣由開始蓄積、逐漸增進，最後發展到最充沛、最完美的境界，然而，物極必反，又可能會導致盛極而衰的後果。

世間事，不都是如此嗎？創業的過程，也是一樣。

在乾卦中，各爻辭分別說明了這種現象，先看乾卦的初爻：

初九，潛龍勿用。[1]

「初九」的「初」，代表乾卦的第一爻，（最下面的爻）「九」則表示它是「陽爻」（請參閱 附錄二：解釋名詞 一、陰爻 vs. 陽爻 與 二、爻位）。

---

1 郭建勳注譯，前引書，頁2。

　　「潛龍」表示潛伏隱藏的龍；「勿用」則是「不要有所作為」的意思。

　　乾卦的初爻，象徵陽剛的蓄積方始，如同潛伏的龍，暫時不要有所作為。

　　中國人「寧為雞首，不為牛後」，想創業的人，比比皆是。創業真的好嗎？乾卦的初爻，建議您必須養精蓄銳，等待時機，不可盲動。[2]

乾卦的第三爻：

　　九三，君子終日乾乾，夕惕若，厲无咎。[3]

　　「九三」表示，乾卦的第三爻是「陽爻」，「終日乾乾」，「乾乾」表示健行不止的意思，「惕若」，猶言警惕戒懼；「厲」，危險也。

　　乾卦第三爻是要我們效法天的剛健精神，發憤自強，並要小心謹慎行事。[4]

　　創業不比上班，上班族下班時間到了，就可打卡下班，剛創業的老闆，可沒那麼輕鬆，本書前面提到康師傅的魏應州，每天早上七點上班，忙到晚上十一、二點才下班，每天工作十

---

2 郭建勳注譯，前引書，頁2。
3 同前註，頁4。
4 同前註。

六個小時以上。松下幸之助剛創業時，也是帶著老婆、小舅子三個人沒早沒晚的超時工作。[5] 創業階段的老闆真不是人幹的。

乾卦的第四爻：

九四，或躍在淵，无咎。[6]

此爻以龍處淵中為象，說明陽剛在達到最高潮之前的蓄勢待發狀況。[7]

乾卦的第五爻：

九五，飛龍在天，利見大人。[8]

此爻說明前此飛越於淵的龍已一飛沖天，表示，事業已達成功的巔峰狀況。[9]

飛龍在天的可口可樂公司

可口可樂聞名全球。可口可樂公司銷售的飲料，約佔全球所有汽水消費量的 74 %。該公司根據自己「全球第一飲料」的實力，採取進攻型經營策略，不惜一切佔領世界市場。

---

5 羅松濤著，《日本企業經營之神　松下幸之助》，〈台北：中經社文化公司，2006，頁 45。

6 郭建勳注譯，前引書，頁 4。

7 同前註。

8 同前註，頁 5。

9 同前註。

　　在中國，可口可樂公司用了十五年的時間和數百萬美元，終於在中國龐大的市場上開始賺錢，這充份顯示出了它要佔領全球市場的耐心和決心。

　　針對各地不同的需求，可口可樂公司對產品有不同的定位。在西班牙，它主要作為一種混合物，甚至可以摻酒飲用。在義大利，它以餐桌上的主要飲料出現，正在取代牛奶、咖啡。在中國，它是一種飲料，為越來越多的年輕人青睞。在印尼，可口可樂公司所做的第一件事，就是讓印尼人習慣碳酸飲料的味覺。

　　殺氣騰騰的攻勢戰略，確保了可口可樂公司全球飲料第一把交椅的位置。[10]

乾卦的第六爻：

上九，亢龍有悔。[11]

　　「上九」，第六爻不用「六」，而用「上」（請參閱 附錄二、解釋名詞　二、「爻位」），「亢龍有悔」，「亢」意為極度；過甚。表示龍高飛至極點，象徵陽剛的盛極將衰，故將有所悔恨。[12]

---

10 殷涵編著，《易經與管理藝術》（上），(台北：正展出版社，2003 年)，頁6-7。
11 郭建勳注譯，前引書，頁5。
12 同前註，頁6。

　　許多人事業有成之後，開始躊躇滿志，騷包起來，還記得力霸集團的王又曾先生隨陳前總統訪問非洲某國家時，撒美金現鈔給民眾搶拾的畫面嗎？現在呢？力霸集團負債六百億，王又曾隻身遠避美國，王家子孫皆成階下囚，真是「亢龍有悔」啊！

　　乾卦的第七爻（只有乾卦與坤卦有第七爻）：
　　用九，見群龍无首，吉。[13]
　　「群龍无首」，表示大家都很謙虛，不強求首位。如此，可獲致吉祥。

　　台塑集團王永慶先生去世前，即已採用「七人決策小組」來集體領導，印驗了「群龍无首，吉」這句話。這也意味著王文洋欲重返台塑並執掌大權已不可能了！

　　易經的第三卦：屯卦，也包涵了深厚的創業理念。屯卦的卦形為：「　　　　」，下卦為震，上卦為坎；震義為動，坎義為險，動於險中，必有艱難（請參閱 附錄一）。

　　屯卦的卦辭為：
　　屯，元、亨、利、貞，勿用有攸往，利建侯。[14]

---

13 郭建勳注譯，前引書，頁2。
14 同前註，頁63。

　　屯為草木破土萌生之意，引申為事物初生的艱難。因此，草創期不宜隨意行動，應著重紮根的工作，以固其根本，漸次發展成長，方可得利。[15]

　　屯卦的「象辭」說：

　　〈象〉曰：雲雷，屯。君子以經綸。[16]

　　震卦的卦象為雷，坎卦的卦象為雲，雲在雷上，將雨未成，固有初始艱難之象（請參閱　附錄一）。「經綸」即謂

「治絲」，此處以治絲比喻治國。則此〈象〉辭的意義就是君子於事業初創之時，要不畏艱難，努力發憤，勤於經營。[17]

　　屯卦的第三爻則說明創業需有賢人輔佐：

　　六三，即鹿无虞，惟入于林中，君子幾，不如舍，往吝。[18]

「即鹿无虞」，就是要去捕鹿，可是沒有掌管山林禽獸的官員相助。如此，君子應當見機行事，不如捨棄它。

　　此爻以捕鹿無人相助為喻，說明若無輔佐，則不可冒進。[19]

　　蜀漢劉備三顧茅廬，請得諸葛亮相助，遂得以三分天下。漢高祖劉邦得韓信、張良、蕭何三人之助，遂擊敗項羽，一統天下。若沒有他人的輔佐，劉備、劉邦如何得以成功呢？

---

15 郭建勳注譯，前引書，頁63。
16 同前註，頁37。
17 同前註。
18 同前註，頁40。
19 同前註。

屯卦的第四爻說明禮賢下士，將有利於打破艱難局面，有利於事業的發展：

六四，乘馬班如，求婚媾；往吉，无不利。

六四以陰居上卦之初，初九以陽居下卦之初，兩爻相應（請參閱　附錄二：解釋名詞　七、「同位」與「應」），表示六四能以上求下（指初九），取剛濟柔，將有利於打破艱難局面，有利於事業的發展。

屯卦的上爻，說明初創時的艱難局面即將扭轉之前的極端困頓的狀態：

上六，乘馬班如，泣血漣如。[20]

「泣血漣如」，漣如是流淚不止的狀態，泣血漣如，表示非常悲傷的樣子。此爻象徵艱難局面即將扭轉之前的極端困頓的狀態，我們要恆久忍耐，想方設法，以度過難關。

美國鋼鐵公司的求生之道

美國鋼鐵公司在美國鋼鐵業中穩坐第一把交椅。一九○一年，由三家鋼鐵公司合併而成，到了二十世紀五○年代，這家公司佔美國鋼鐵產量的三分之一，躍居世界最大的鋼鐵公司，六○年代後被日本鋼鐵公司擊敗，屈居世界第二。

一九七九年，大衛・羅德里克出任美國鋼鐵公司董事長。當時，該公司在生產設備老化、管理不善，以及外國鋼鐵

---

20 郭建勳注譯，前引書，頁 40。

產品湧進美國爭奪市場的多重打擊下，經營上困難重重。

為了擺脫困境，羅德里克決定採取退卻經營的戰略形式。首先，他縮小公司規模，然後，再謀求新的發展。從一九八〇年開始，羅德里克總共關閉了一百五十座工廠，縮減了三十％的煉鋼產能，辭退了五十四％的職員，裁減了十萬名工人。同時，他出售公司的林地、水泥廠、煤礦場和建築材料供應廠等資產，又獲得了二十億美元的資金。

接著，羅德里克與公司其他高層管理人員一起，研究了美國幾家公司，最後，決定以五十億美元的價格收購馬拉松石油公司。石油與鋼鐵性質完全兩樣，羅德里克只是想藉此擴大公司的業務範圍，以防風雲變幻。

果然，當西方鋼鐵業最不景氣的風暴襲擊美國時，美國鋼鐵公司卻幸運地逃脫了倒閉的命運。[21]

與創業理念有關的訟卦。

訟卦的卦形為：「 ䷅ 」，下卦為坎，上卦為乾。訟卦卦辭的〈象傳〉說：

〈象〉曰：天與水違行，訟；君子以作事謀始。[22]

訟卦上乾為天，下坎為水（請參閱　附錄一），天道西轉（太陽東昇西落），水流東注（中國大陸地區，地勢西高東低，水向東流），互相乖違，正是衝突而產生爭訟的象徵，君子在行

21　殷涵編著，前引書，頁 31-32。
22　郭建勳注譯，前引書，頁 61。

事之前，應先進行周密的考慮，以避免爭訟。當然，打天下時，是另一番考慮，有爭端可訴諸武力解決，甚至，還可故意引起爭端，以達到消滅競爭對手的目的。

　　經營事業，當然要盡量避免訴訟，尤其是被競爭對手控訴，對公司的形象會造成重大的傷害。數年前，友達公司以違反「反托拉斯法」，公司三位高層主管遭美國法院留置。郭台銘先生不知自我反省，為何要勾結同業，坑殺消費者。反而指控韓國三星電子公司充當汙點證人，有違江湖道義，豈不令人啼笑皆非。

　　易經的第七卦：師卦，也與創業理念有關。

師卦的卦形為：「 」，下卦為坎，上卦為坤。

　　師卦卦辭的〈彖傳〉說：

　　〈彖〉曰：師，眾也；貞，正也。能以眾正，可以王矣。剛中而應，行險而順，以此毒天下，而民從之，吉又何咎矣！[23]

　　師，民眾也，古時兵農合一，所以，民眾也就是兵眾。能夠端正兵眾，就可以作為天下的君王了。「剛中而應」，指九二爻以陽剛居於下卦之中，且與六五爻有應。「行險而順」，指九二爻雖處坎險之中（請參閱　附錄一），但既得中而有應（請參閱　附錄二、解釋名詞　四、「得中」），故能順應天理、君道與人情。[24]

---

23 郭建勳注譯，前引書，頁67。
24 同前註。

因此，創業者應樹立典範，讓部屬歸於正道，建立良好的行為模式，如此，就可稱王於天下了。

秦朝末年，趙高專權，天下大亂。陳勝揭竿而起，群雄紛紛響應。劉邦為人，仁而愛人，好施捨，性情開朗。初為沛公，得蕭何、曹參、樊噲、韓信與張良等人之助，實力逐漸增強。當時，項羽勢力龐大，但為人慓悍猾賊，所到之處，無不殘滅。劉邦仁厚，軍行之處，秋毫無犯，與項羽形成強烈的對比。最後，兩軍決戰於垓下，漢軍運用「四面楚歌」的心理戰術，打敗項羽，建立了漢朝。[25]

易經的第十卦：履卦，亦與創業理念有關。

履卦的卦形為：「　　」，下卦為兌，上卦為乾。

履卦的第三爻說：

六三，眇能視，跛能履，履虎尾，咥人，凶。武人為于大君。[26]

「眇」：瞎眼也，瞎眼者如何能視？跛足者如何能行走？此爻為下卦之上爻，以陰居二陽爻之上，失中失正（請參閱 附錄二、解釋名詞 三、「當位」或「得正」），有暴烈妄行，不自量力之象。如此，必致凶險。

---

25 司馬遷原著，王利器、張烈等譯注，《史記‧本記》（下），(台北：台灣古籍出版社，2005 年)，頁 515-586。
26 郭建勳注譯，前引書，頁 92。

　　創業者當謹慎行事，不可不自量力，不可妄為盲動，僅有武力而缺乏美德的人，是不可能成為偉大的君主的。

殘酷的敘拉古國王

　　西西里人阿加托克雷，不僅是一介平民，而且低賤下流，但卻成為敘拉古國王。此人係陶工的兒子，一生都過著邪惡的生活。然而，他在精神和肉體兩方面的邪惡行徑卻展示了如此力量，以至於從軍之後便一路青雲，晉升為敘拉古的執政官。一到了這個地位，他又決意成為君主，並依靠暴力而不是領受別人的恩惠來佔有人們同意給他的東西。為此，他還爭取到了正率軍在西西里作戰的迦太基人哈米卡的贊同。一天早晨，他召集敘拉古人民和元老院開會，彷彿要和他們共商國事；在發出一個約定的信號之後，他的士兵就動手幹掉了元老們和那些豪門大戶。這場殺戮之後，他沒有遇到公民的任何反抗，便奪得了對這個城邦的統治權，而且，儘管迦太基人將他兩次擊敗並終於包圍了他，但他不僅保衛了城邦，而且除了留下一部份軍隊反包圍之外，還以其餘兵力進攻非洲，因此，很短時間他就解了敘拉古之圍，並使迦太基人陷入了絕境，被迫與他講和，迦太基人滿足於佔有非洲，把西西里讓給了阿加托克雷。

　　審視一下這個人的各種行徑及其生活，就會看到，他沒有或極少得到命運之寵，前面說過：他沒有得到任何人

的鼎力相助，只是歷盡艱辛在軍中一步一步往上爬，他得
到了君權，為了保住君權，他採取了許多勇敢的冒險行
動。然而，屠殺同胞，出賣朋友，言而無信，毫無惻隱之
心，沒有宗教信仰，是不能叫做德行的，以如此操行可以
取得統治權，但不能贏得榮耀。如果考慮到阿加托克雷的
出入危殆之境，忍受困難、克服困難的大智大勇，我們就
沒有理由認為他遜色於任何出類拔萃的將領。然而，由於
他的野蠻橫暴、殘酷無情及無數的卑劣行徑，他便沒有資
格躋身於最卓越的人物之列。[27]

易經的第十六卦：豫卦，也和創業有關。

豫卦的卦形為：「 **☷☳** 」，下卦為坤，上卦為震。

豫卦的卦辭為：

豫，利建侯行師。[28]

豫卦下卦為坤，上震為動（請參閱　附錄一），順性
而動，物各得其所而悅樂。此卦辭言眾樂之時，利於開創
事業，討逆安民。[29]

王者之師替天行道，充滿了喜悅、歡樂。

---

27 馬基亞維里原著，閻克文譯，《君主論》，(台北：商務印書館，1998 年)，
　　頁 41-43。
28 同前註，頁 133。
29 同前註。

《商君書》中記載：

> ……富貴之門，必出於兵。是故民聞戰而相賀也，起居
> 飲食所歌謠者，戰也。[30]

　　秦國人民在商鞅重賞重罰的政策下，視打仗為獲得富貴的
唯一途徑。因此，「聞戰而相賀」。但它與「替天行道」好像
有很大的距離。而在創業階段，充滿艱辛困苦，如何「順性而
動」呢？應該就是要找到自己的興趣所在，如此，就比較能不
以苦為苦了！

　　易經的第四十六卦：升卦，也涵有創業理念。

升卦的卦形為：「　　　　　」，下卦為巽，上卦為坤。

　　升卦的〈象傳〉說：

　　〈象〉曰：地中生木，升；君子以順德，積小以高大。[31]

　　升卦下巽為木，上坤為地（請參閱　附錄一），木生地中，
長而漸高，為上升之象；君子當效此而順行美德，積聚微小以
逐漸成就崇高偉大的事業。[32] 有個廣告說：小草長成大樹。雖
然，小草永遠只是棵小草，無法長成大樹；但小樹苗剛發芽的

---

30 商鞅原著，貝遠辰注譯，《新譯商君書》，(台北：三民書局，1996 年)，
　　頁 145。
31 郭建勳注譯，前引書，頁 357。
32 同前註。

時候，好像是棵小草，假以時日，經過百年、千年，它就可以長成一棵大樹囉！

零售店的顧客服務之道

　　在美國加州有一門羅公園。公園旁邊有一家貝爾特拉摩公司的洋酒零售店。曾經有一位消費者來到該店打算買一箱酒，以備辦公室開晚宴用。在櫃檯邊，消費者遞給售貨員一張美國運通公司的信用卡。運通公司的辦事機構正忙於其他工作，一時毫無回音，售貨員在電話上花費了三、四分鐘的時間，才獲得公司對信用卡的證實。售貨員把信用卡還給消費者，隨手從櫃檯裡的糖果盒取出一枚五美分一條的薄荷口香糖放入食物袋中，並說：「非常抱歉，耽誤了您寶貴的時間。要知道，我們非常看重您的惠顧。希望您不久再次光臨。噢！祝晚會成功。」

　　在此事件中，美國運通公司電話佔線並不是售貨員的錯，但售貨員主動把這個責任承擔起來，他也不評判美國運通公司到底如何，更不發脾氣，而是自己主動向因佔線而久等的消費者道歉。事後，這位消費者深有感觸地說道：「他贏得了我們終身的信任！我們今後會義無反顧地繼續走向那個『售貨員贈五分錢糖果的商店』去購買東西[33]。」

---

33 殷涵著，前引書，頁 166。

對零售店來說，「死忠」顧客是一個、一個慢慢累積起來的，當你的「死忠」顧客很多時，生意不好也難。就好像小草長成大樹，根基紮穩了，就不怕刮颱風了！

易經的第六十二卦：小過卦亦與創業理念有關。

小過卦的卦形為：「　　　」，下卦為艮，上卦為震。詞意為：小有過度。小過卦的初爻，其爻言為：

初六，飛鳥以凶。[34]

此爻陰柔居下，本當柔順收斂，卻因上應九四而欲如鳥之高飛逆勢而上，大大超過了本身的地位實力，故凶。[35]

有些人好高騖遠，不知自己的斤兩，承擔了過多的風險，以致稍有風吹草動，就無法因應，做生意、炒股票都要注意自己承擔風險的能力。

沉穩的羅馬皇帝──塞韋羅

西元一九三年，羅馬皇帝塞韋羅接受元老院的任命登基之後，他發現統治整個帝國還有兩個障礙：一個在亞

---

34 郭建勳注譯，前引書，頁475。
35 同前註。

洲，擔任亞洲駐軍統帥的佩森尼奧·尼格羅已在那裡自行稱帝；另一個在西方，正在那裡執政的阿爾比諾也在覬覦帝國。塞韋羅知道，公開與他們同時為敵是危險的，於是決定攻擊尼格羅，哄騙阿爾比諾。等解決掉尼格羅後，再消滅阿爾比諾。[36]

易經中的第六十三卦：既濟卦也與創業思想有關。

既濟卦的卦形為：「 」，下卦為離，上卦為坎，詞義為：事已成。此卦三陽居奇位，三陰居偶位，均得正，且陰陽均相應配合，是為最完整的形象，故名既濟。

既濟卦的第四爻告訴我們在事成之時，仍須終日戒懼，以防禍患。

六四，繻有衣袽，終日戒。

此爻柔順而居上卦之初，居位得正，猶事成之時，雖有美服，而穿破衣，以示警惕[37]

恐怖攻擊——九一一事件的省思

美國媒體和民主黨人窮追猛打，非要弄清楚，在九一一事件之前，布希總統知道些什麼，他是否已經接到了有

---

36 馬基亞維里原著，閆克文譯，《君主論》,〈台北：商務印書館，1998〉,頁 100。
37 郭建勳注譯，前引書，頁 485。

關部門恐怖攻擊的情報卻無動於衷，未能給予足夠的重視，從而釀成大禍。

　　布希和他的管理團隊當然竭力辯解，說政府接到的有關恐怖攻擊情報確實很多，但都是泛泛而談，既沒有指出恐怖攻擊的具體時間、地點，也沒有提示恐怖攻擊的具體方式，政府即使想採取對策，也根本無從下手。

　　布希是迄今為止唯一一位 MBA 出身的總統，副總統錢尼、國防部長倫斯裴等高級助手也都長期擔任過大企業董事長和 CEO，深諳危機管理之道。他們的做法暗藏殺機：在美國人厭煩了這些虛實難辨的警報之後，必然會想：九一一之前，布希沒有亂發警報，是有道理的，他們也會怪罪民主黨多事[38]。

　　既濟卦的第五爻告訴我們事成之時，當虔誠儉樸地祀神以受福：

　　九五，東鄰殺牛，不如西鄰之禴祭，實受其福。[39]

　　既濟卦的上爻則告訴我們事成之時，亦須小心謹慎，以免陰溝裡翻船：

　　上六，濡其首，厲。[40]

---

38 殷涵著，前引書，頁347。
39 郭建勳注譯，前引書，頁486。
40 同前註，頁487。

　　此爻以狐狸渡河為例，牠以為已渡過河，安全上壘了，殊不知一不小心，又掉到河裡，把頭都弄濕了。如此，將招致危險。

　　易經的最後一卦：未濟卦，亦有多處討論有關創業理念的議題。

　　未濟卦的卦形為：「　▤　」，此卦三陽居偶位，三陰居奇位，均不得正，與既濟卦正好相反。

　　未濟卦下卦為坎，上卦為離，詞義為事未成。

未濟卦的卦辭為：

　　未濟，亨，汔濟，濡其尾，无攸利。[41]

　　其義為：未濟卦象徵事未成，勉力促成可得亨通，但若處事不慎，像小狐狸渡河將近成功，卻又被水霑濕了尾巴，則無所利。[42]

　　因此，事未成之時，需更加努力，也要更加小心謹慎，如此，才可獲致成功。

　　未濟卦的初爻認為事未成之時，當努力以求有所進展。

　　初六，濡其尾，吝。[43]

　　假如，事情無法進展的話，那就太遺憾了。

41　郭建勳注譯，前引書，頁 488。
42　同前註。
43　同前註，頁 490。

　　未濟卦的第二爻，說明不可輕率前行，要審慎地自我節制，如踩剎車。

　　九二，曳其輪，貞吉。[44]

　　此爻陽剛居於坎險，處未濟之時，雖上應六五，而不可輕率前行，又因其居下卦之中，故能審慎地自我節制。[45]

　　未濟卦的第三爻，象徵事未成之時，急於行進必有凶險，但此時斷然冒險以求突破，就像渡過大河一樣，或許能突破困境。

　　六三，未濟，征凶，利涉大川。[46]

　　此爻陰柔居坎險之上，體弱失正，但當此即將脫出坎險，可能變未濟為濟的重要時刻，斷然冒險也許能突破困境，找到出路。[47]

　　未濟卦的第四爻，說明事未成之時，當奮發努力以促其事成。

　　九四，貞吉，悔亡，震用伐鬼方，三年有賞於大國。[48]

---

44 郭建勳注譯，前引書，頁 491。
45 同前註。
46 同前註，頁 492。
47 同前註。
48 同前註。

　　此爻象徵事未成之時，守持貞正可獲吉祥，悔恨必將消失。以勇武果敢的行動討伐鬼方，經過三年的艱苦努力，終於獲得勝利而得以封賞為大國諸侯。[49]

　　未濟卦的第五爻指出事未成之時，守正誠信可獲吉祥：

　　六五，貞吉，无悔，君子之光，有孚，吉。[50]

　　此爻居上離之中，離為明（請參閱　附錄一），猶體稟文明而光輝，又下應九二，下比九四（請參閱　附錄二、解釋名詞　八、「比」），得陽剛之初，猶以誠信待人，得賢能之輔，故成事有望而獲吉。[51]

批發業的品牌經營之道

　　楊先生最近很忙也很吃力。他經營著一家不算小的批發企業，本來，白手起家到現在，他對駕馭自己一手創辦起來的企業還是得心應手的。但最近，他剛獲得了台灣一家企業的授權，被授權在內地獨家經銷其一種市場前景非常看好的產品，對方提出的條件只有一個：一定要將該產品做成內地的第一品牌。為了爭取授權，楊先生做了大量的努力，況且該產品在台灣確實聲名顯赫，這一要求並不過份。但這樣一來，又是市場調查，又是品牌企劃，還要

49　郭建勳注譯，前引書，頁493。
50　同前註。
51　同前註，頁494。

和各種媒體打交道，有許多東西，都是楊先生過去未曾涉及的，雖然他為此專門請了個副手，但公司的規模決定了他還必須親自打理大量的相關事務，力不從心之感頓時油然而生；更要命的是，由此而帶來的各項費用，使其原先並不緊張的資金立時捉襟見肘起來，做了這麼多年的批發，楊先生自己也說不清經銷過多少種產品，見慣了一些所謂的品牌的起起落落，對於一些大企業大把撒錢做品牌，最後終於因各種原因轟然倒下的事也早已見怪不怪。「對於做品牌，我的感情很複雜。像我們這樣的企業，要做好一個品牌並不容易，財力、規模、影響力都是問題，還有大企業強勢品牌的打壓，但不做品牌，我們似乎又永遠也做不大。」楊先生指著桌上的檯燈解釋，「這樣的檯燈，我們只能賣七、八塊，人家把品牌做出去了，性能沒什麼差別，能賣到二十好幾，而且還比我們賣得好。」[52]

　　未濟卦的上爻則說明事未成而即將出現轉機時，切不可逸樂過度而有失正道：

　　上九，有孚于飲酒，无咎；濡其首，有孚失是。[53]
　　此爻以陽剛居本卦極位，未濟將轉為既濟，故能誠信待人，心無煩憂，安然飲酒而無咎；但若逸樂過度，如狐之濟河，濡其首，則將失有孚的正道，致使事物復返未濟。[54]

---

52 殷涵著，前引書，頁 354。
53 郭建勳注譯，前引書，頁 494。

　　有些人以為事情快要成功了，就開始得意起來，反而壞了好事。　國父孫中山先生曾說過一個故事：有位乞丐中了頭彩，一高興，就把打狗棒丟進江裡，心想再也不用乞討，也再也用不著那根打狗棒了。沒想到：彩券是塞在竹竿裡，連竹竿一起丟到江裡去了。這下子，大獎飛了，連打狗棒也沒了。

易經的創業理念小結：

　　（一）養精蓄銳，等待時機，不可盲動。（乾卦）

　　（二）效法天的剛健精神，發憤自強，並要小心謹慎行事。（乾卦）

　　（三）事業有成時，須收斂，以免做出日後會後悔的事情。（乾卦）

　　（四）事業有成時，須謙卑，不要強居首位。（乾卦）

　　（五）草創期應著重紮根的工作，以固其根本，漸次發展成長。（屯卦）

　　（六）創業期要不畏艱難，努力發憤，勤於經營。（屯卦）

　　（七）如無人輔佐，則不可冒進。（屯卦）

　　（八）禮賢下士，將有利於打破艱難局面，有利於事業的發展。（屯卦）

　　（九）在艱難局面即將扭轉前的極端困頓的狀態中，要恆久忍耐，以度過難關。（屯卦）

---

54 郭建勳注譯，前引書，頁 494。

（十）在行事之前，應先進行周密的考慮，以避免爭訟。
　　（訟卦）

（十一）能夠端正兵眾，就可以做為天下的君王了！（師
　　　卦）

（十二）要謹慎行事，不可不自量力，不可妄為盲動。僅
　　　有武力而缺乏美德的人，是不可能成為偉大的君主
　　　的。（履卦）

（十三）眾樂之時，有利於開創事業，討逆安民。（豫卦）

（十四）順行美德，積聚微小以逐漸成就崇高偉大的事業。
　　　（升卦）

（十五）要衡量本身的實力，不要做超過自己實力太多的
　　　動作。（小過卦）

（十六）事業成功的時候，雖有美服，而穿破衣，以示警
　　　惕。（既濟卦）

（十七）事成之時，當虔誠儉樸地祀神以受福。（既濟卦）

（十八）事成之時，要小心謹慎，以免生變。（既濟卦）

（十九）事未成時，須更加努力，也要更加小心謹慎。（未
　　　濟卦）

（二十）不可輕率前行，要謹慎地自我節制。（未濟卦）

（二十一）事未成之時，急於行進必有凶險，但此時斷然
　　　冒險以求突破，或許能突破困境。（未濟卦）

（二十二）事未成之時，當奮發努力以促其事成。（未濟
　　　卦）

（二十三）事未成之時，守正誠信，可獲吉祥。（未濟卦）

（二十四）事未成而即將出現轉機時，切不可逸樂過度而
有失正道。（未濟卦）

四、易經的經營理念

易經中論及經營理念者，計有坤卦、屯卦、泰卦、豫卦、噬嗑卦、賁卦、剝卦、復卦、大蓄卦、坎卦、離卦、大壯卦、明夷卦、解卦、損卦、益卦、夬卦、井卦與既濟卦等共十九卦。

首先，來看坤卦。坤卦的卦形為：「☷☷」，上卦、下卦均為坤。其象為地，其義為順。坤卦的〈象傳〉說：

〈象〉曰：地勢坤，君子以厚德載物。[1]

其義為：大地的氣勢和順，君子應當效法大地的德行，增厚美德，承載萬物。[2]

君王要營造一個環境，讓臣民能安居樂業；企業主也要承擔起責任，讓員工能安心工作，不用擔心被裁員、解雇。

松下幸之助對應不景氣之道

西元一九二九年，日本遭逢世界性的經濟大蕭條，許多大公司都業績遽降，只好停工、裁員，甚至倒閉。松下企業也是如此，產品滯銷，倉庫、辦公室到處都堆滿了存

---

1 郭建勳注譯，前引書，頁 24。
2 同前註。

貨。此時，松下正好生病在西宮療養。有一天，公司的高層幹部井植歲男與武久來到西宮向松下報告裁員的計畫，聽完報告，松下心想：松下一家，不是三口人（松下、老婆、女兒），

而是三百多口，松下電器的三百多員工，都是兄弟姊妹，只要我這個當家的人有一口飯吃，就不能讓大家失去飯碗。松下果斷地作了五點指示：

（一）不裁減員工。

（二）自即日起產量減半，以配合萎縮的銷量。

（三）為配合產量減半，自即日起工廠的員工實行半日生產制，但領全日薪。

（四）工廠員工空餘的半天，配合銷售部門，積極去推銷庫存品。

（五）全體員工自即日起取消所有休假，一起盡全力把庫存品及產品推銷掉。

　　井植與武久接獲松下的五點指示，趕回大阪，立即集合所有的員工，宣布了松下的指示，並當場把原先擬訂的裁員名單燒毀。員工掌聲雷動，熱淚盈眶，高呼：「松下電器萬歲！」員工情緒高漲，不景氣帶來的不安氣氛一掃而光。[3]

3　王志剛著，《企業經營之神　松下幸之助傳奇》，（台北：詠春圖書文化公司，2002年），頁243-248。

　　當企業遭逢危機時，老闆要像一隻母雞，保護她的小雞，也要像大地一般，承載著萬物，扛起他的責任，員工自然會被感動，攜手努力共同克服危機。因此，坤卦的〈象〉辭所揭示的經營理念為：厚德載物。君主要厚積德行，照顧百姓；企業主也要負起照顧員工的責任。

　　易經的屯卦也蘊含了治國理念，在前面討論創業理念時，曾說明了它的卦形與卦義。

　　屯卦的第五爻說：
　　九五，屯其膏。小，貞吉；大，貞凶[4]。
　　九五爻為屯卦的君位，得中得正，本應膏澤天下，施恩於民，但因處艱難困頓之時，應當在一定的範圍內膏澤天下。[5]
　　君王應慷慨還是吝嗇，似也應量力而為。

　　企業在創業階段，當撙節開支，將資源運用在刀口上。有人說，最少要準備六個月的營運資金，才能安然度過創業初期沒有營業收入的日子。很多人創業失敗，有個很關鍵的因素，就是後援不繼，當彈盡援絕時，只好含恨結束營業。

　　接著是豫卦，它也與治國理念有關：前面談創業理念時，已介紹過豫卦，豫卦的〈象傳〉說：

---

4 郭建勳注譯，前引書，頁41。
5 同前註，頁42。

　　〈彖〉曰：豫，剛應而志行，順以動，豫。豫，順以動，故天地如之，而況建侯行師乎？天地以順動，故日月不過，而四時不忒；聖人以順動，則刑罰清而民服。豫之時義大矣哉[6]！

　　豫卦的下卦：坤卦的卦義為：順。上卦：震卦的卦義為：動。所以，豫卦有順以動的象徵，順性而動、順時而動，則天地萬事萬物自可有條有理，不會出什麼差錯了。此與老子：「人法地，地法天，天法道，道法自然」[7]　的說法，相互呼應。因此，豫卦的〈象傳〉所揭示的治國理念即為：道法自然。

　　儒家也講究「使民以時」，不要在農忙時，徵調人民，該播種、插秧的時候，就讓農民下田工作，否則，錯過了插秧的時間，稻子就長不好了。

　　經營企業也是一樣，下班時間到了，員工的心大概就飛回家了，小孩回到家沒有？老婆今天煮什麼好吃的菜？家裡好像沒衛生紙了，要順便買一串回去！這時，若要員工繼續工作，他的效率是很差的。因此，奇美企業的老闆許文龍先生只要下班時間一到就會趕員工下班，此乃「順性而動」、「順時而動」，「道法自然」也。

---

6 郭建勳注譯，前引書，頁 134。
7 老子原著，余培林注譯，《新譯老子讀本》，〈台北：三民書局，2004〉，頁54。

易經的噬嗑卦亦與治國理念有關。

噬嗑卦的卦形為：「䷔」，下卦為震，上卦為離。詞義為咬合。噬嗑卦的〈象〉辭說：

〈象〉曰：雷電，噬嗑；先王以明罰勑法。[8]

此〈象〉辭的意思是：雷電交加，這就是咬合的象徵；以前的君王效此而申明刑罰，端正法令。

雷動而威，電閃而明，用刑之道，亦須以法明示天下，並以權威行之。[9] 因此，可以說明一個重要的治國理念：以法明示天下，並以權威行之。後世的法家，如：商鞅、韓非等，都非常重視這個治國理念。

諸葛亮「揮淚斬馬謖」是個很好的例子。三國時代，公元二二七年，諸葛亮率領七萬大軍由成都出發北伐魏國。出發前，諸葛亮多次交代馬謖在渭水旁佈陣，但馬謖由祁山出兵，抵達街亭時，便在山上佈陣。魏軍將領張郃下令包圍下山的路口，馬謖下令部隊下山突圍，結果，被魏軍打得落花流水。

街亭失利，整個北伐戰役受到嚴重的打擊，諸葛亮只好退兵回蜀。

---

8 郭建勳注譯，前引書，頁 171。
9 同前註。

事後，諸葛亮檢討戰敗的原因，最為後悔的是他沒有辨別人才的眼力，被馬謖的表面才氣迷惑，起用他擔負重任。

違反命令在山上佈陣的馬謖，罪責最大，孔明只好「揮淚斬馬謖」了。[10]

另一個蘊含治國理念的是賁卦

賁卦的卦形為：「☲☶」，下卦為離，上卦為艮。詞義為文飾。因為：下離為明，上艮為止，意味著：用文明的禮儀來制約人的行為，使每一個人止於一定的分際[11]。

賁卦的〈象〉辭說道：

〈象〉曰：山下有火，賁；君子以明庶政，无敢折獄。[12]

賁卦下離為火，上艮為山，山下有火照耀，這就是文飾的象徵，君子當修明政務，教化百姓，盡量避免運用訟獄。[13]

此〈象〉辭說明了一個治國理念，就是「清明」。在上位者，能使政治清明，下位者怎敢亂來？

賁卦還說明了另一個治國理念，就是賁卦的上爻：

---

10 陳舜臣著，《三國志》(下)，(台北：中華書局，2010 年)，頁 262-276。
11 郭建勳注譯，前引書，頁 177。
12 同前註，頁 178。
13 同前註。

上九，白賁，无咎。[14]

白賁，就是以質樸無華的白色來修飾。這裡，反映出一個治國理念，就是：「簡樸」。許多君王競尚奢華，有些大老闆也是一樣，如：用黃金打造的衛浴設備，浴室也金碧輝煌。

《韓非子》中記載這麼一個故事：

商紂王用象牙筷子來吃飯，箕子心想：商朝從此就要滅亡了。為什麼呢？道理很簡單：如果你用象牙筷子吃飯的話，那就不太可能用很粗糙的碗，一定要配一個比較精緻、漂亮的碗，有了漂亮的食器，當然，就不能盛裝比較普通的食物，就要盛裝些比較精緻的食物。如此，餐桌是不是也要換上比較考究的，餐桌換了以後，宮室是不是也要整修一下，如此，連鎖反應，一雙象牙筷將導致整個皇宮的大變革，奢侈的風氣將瀰漫全國，那麼，商朝就有亡國的危機了[15]。

一葉知秋，同理一雙象牙筷子形成奢靡之風，導致商朝的滅亡，真是令人扼腕。

易經的剝卦也含有治國的理念：

剝卦的卦形為：「▦▦」，下卦為坤，上卦為艮。義為剝落、浸蝕。

---

14 郭建勳注譯，前引書，頁 183。
15 韓非原著，賴炎元、傅武光注譯，《新譯韓非子》，(台北：三民書局，2003年)，頁 247。

剝卦的〈象〉辭說道：

〈象〉曰：山附於地，剝；上以厚下安宅[16]。

山本高踞於地上，現頹附於地，顯然山已遭剝落浸蝕，所以〈大象傳〉由此引申出不可妄動，而要厚待百姓，穩固根基，以待轉機的義理[17]。

這裡，說明了一個治國理念，就是：仁厚。此與坤卦的「厚德載物」相似。

易經中的復卦，也說明了一種治國的理念。

復卦的的卦形為：「　　　　」，下卦為震，上卦為坤，詞意為回復。

復卦的上爻說：

上六，迷復，凶，有災眚[18]。

上爻的〈象〉辭說：

〈象〉曰：迷復之凶，反君道也[19]。

迷復，就是在回復善道時，陷入迷途，所以，會招致凶險。而為何會陷入迷途呢？因為：一時糊塗，不明智也。為君之道，就是要明智，不能糊塗。所以，此〈象〉辭說明了一個治國理

---

16 郭建勳注譯，前引書，頁186。
17 同前註。
18 同前註，頁198。
19 同前註，頁199。

念，就是：「明智」。明君與昏君相差何以道里計？《韓非子》書中講了一個故事，說明君王一定要「嚴而明」，才能有效掌控部屬：

　　戰國時代，有一位名為陽虎的先生，他的行事風格是：若君主很賢明，則盡心盡力來事奉君主；若君主不肖，他就會動歪腦筋來試探。後來被魯國的君主趕了出來，到了齊國，又被齊國的君臣懷疑他的為人，只好來到趙國。趙簡主得知他到了趙國，就迎接他到趙國的都城並拜他為國相。趙簡主左右的侍從，告訴趙簡主說：「陽虎善於竊取國家的大權，攪亂國家的政務，您為何要拜他為國相呢？」趙簡主回答說：「陽虎若極力來竊取國政，那我就極力來守護它！」於是就以「術」來控御陽虎，陽虎不敢亂來，乖乖地事奉趙簡主，使趙國國富兵強，幾乎成為當時各國的霸主[20]。

　　因此，韓非認為臣子是忠是詐，和君主本身的作為有關。

　　韓非說：「臣之忠詐，在君所行也。君明而嚴，則群臣忠；君懦而闇，則群臣詐[21]。」明君與昏君，真的是差很多。

易經的大蓄卦也說明了一個治國理念：

仁德。大蓄卦的卦形為：「　　　　　」，下卦為乾，上卦為艮。詞義為大為蓄積、蓄養。大蓄卦的卦辭說：

20　韓非原著，前引書，頁454。
21　同前註，頁400。

大蓄，利貞。不家食吉，利涉大川[22]。

此卦辭的〈大象傳〉說：

〈象〉曰：天在山中，大蓄；君子以多識前言往行，以畜其德[23]。

它的意思為：天包藏於大山之中，這就是大為蓄積的象徵；故君子應當效此而多多記取前賢的言論與事蹟，來蓄積培養自己的美德[24]。這〈象〉辭說明了一種治國理念，就是：仁德。

孔老夫子認為：「仁」就是「愛人[25]」「己所不欲，勿施於人[26]」因此，「仁」的要素就是尊重與愛心。

身為國家的領導者或企業的老闆都要「行仁政」，愛護百姓或員工。

茲舉兩個企業的實例，來做說明：

（一）美國凱姆朗公司

美國凱姆朗公司的創辦人——杜克的老父親傳給公司的信條是：「人才第一，顧客第二，這樣做，一切都會順利。」杜克對這一信條非常贊同，在他的工作中始終堅持。他不僅要求員工們對客戶要盡心盡力提供服務，而且時時和工人們在一起，和他們談心，解決他們的困難，有時也

---

22 郭建勳注譯，前引書，頁 207。
23 同前註，頁 208。
24 同前註。
25 陳基政編譯，《四書讀本》，(台北：西北國際文化公司，2012 年)，頁 121。
26 同前註，頁 367。

讓工人們參與管理和決策。他盡力營造一個環境，使員工們在公司裡就如同在家中一樣，只有親情、友情，而沒有上下級那種嚴肅。工人們對杜克非常尊敬，他們把公司作為自己的家，全心全意為公司、為顧客服務。在凱姆朗公司，噴藥、施肥的工人被稱為「草坪養護專家」，受到企業管理層的尊重。

凱姆朗公司用「愛的精神」對待自己的員工，使每位員工都感到公司就是自己的「家」，他們就是公司的「主人」。

「愛的精神」就是關心部屬、關心顧客，讓你的熱心與愛心去感化你的部屬、你的顧客，人們就會對你刮目相看，把你推上成功之路。杜克深深體會到這種「愛」的力量，所得到的回報是巨大的成功。[27]

（二）日本出光石油公司

日本出光石油公司的創辦人出光佐三曾公開宣稱，他的集團就是一個家庭，既有專制的獨裁又有體恤員工的人道，

並以此作為動力推動著公司向前發展。

出光佐三說：「母親們把他們剛讀完小學的孩子送到我的公司來。我決心代替他們的母親來培育這些孩子。從那時起，無論在什麼場合，我都以一種適當的方式，將我

---

27 殷涵著，《易經與管理藝術》（上），（台北：正展出版社，2003 年），頁284。

對他們母親般的愛轉化為行動。我從來不解雇員工，因為我們是個大家庭。我們不計時間、沒有時鐘，更不設立工會。我的員工都有房子住，並且都能領取到家庭生活津貼。我真的把自己當作了他們的母親，並以母親一樣的態度關心愛護他們。簡而言之，撫慰、仁慈能造就高尚的人。我的這種母愛思想，將在我們公司長久地保持下去。」[28]

　　上面兩個案例中，一個是美國公司，另一個是日本公司，兩位老闆都能以愛心來對待員工，在充滿著愛的環境中，上下一心，為客戶提供最好的服務，並且造就出品德高尚的員工。

　　易經的坎卦也和上列的大蓄卦一樣，強調「仁德」這個治國理念。坎卦的卦形為：「　　　」，上、下卦均為坎。詞義為險陷。

　　坎卦的卦辭為：

　　習坎，有孚，維心亨，行有尚。[29]

　　坎卦的〈大象傳〉說：

　　〈象〉曰：水洊至，習坎；君子以常德行，習教事。[30]

---

28 殷涵著，前引書，頁168。
29 郭建勳注譯，前引書，頁229。
30 同前註，頁231。

　　此〈大象傳〉是說：水再次流過來，這就是重重險陷的象徵；故君子效此而恆久保持良好的品德行為，並勤於政教之事。此〈象〉辭也是在強調：「仁德」這個治國理念。

　　易經的離卦則是強調：「堅守正道」這個治國理念。

　　離卦的卦形為：「　　　」，上、下卦均為離，詞義為附麗、依附；又有「光明」之義。離卦的卦辭為：

　　離，利貞，亨，畜牝牛吉。[31]

　　離卦的〈彖傳〉說：

　　〈彖〉曰：離，麗也，日月麗乎天，百穀草木麗乎土。重明以麗乎正，乃化成天下。柔麗乎中正，故亨，是以畜牝牛吉也。[32]

　　此〈彖傳〉是說：離，意指附麗，就像日月附麗於天空，穀類草木附麗於土地。雙重的光明附麗於正道，乃成功地教化天下。柔順者附麗於持中守正之道，所以，卦辭言：「亨通」，因此又說：「像畜養母牛一樣，培養柔順的德行，可獲吉祥。」[33]

　　「堅守正道」是本卦也是整個易經所主張的原則，用於治國、用於修身、用於管理，都是非常重要的。

　　松下幸之助可算是企業界「堅守正道」的典型人物：

31　郭建勳注譯，前引書，頁236。
32　同前註，頁237。
33　同前註。

　　日本經營之神松下幸之助認為：儘管競爭能刺激人們發現新的東西，產生更大的進步。可是，不當的競爭或過度的競爭，很有可能造成破壞性。

　　松下先生說：「如果國與國之間的競爭，其結果就會爆發戰爭。可是今天卻說，不能戰爭，全世界都在呼籲以共同的努力來防止戰爭的爆發，也為此不斷的努力。我們也確實有這種擔憂，國與國的不當競爭會演變為戰爭，因此，在各企業之間，也和國際上一樣，應該把不正當競爭看成是罪惡。所以，今天的經營者必須把怎樣排除非常激烈的不當競爭的問題認真考慮。可是我不久以前去訪問過兩、三個國家，見到那些國家的重要實業家時，問他們對不當競爭有什麼看法？他們竟千篇一律地答以：『沒有什麼辦法』。」

　　松下先生指出，沒辦法的原因是由於他們認為：人不論賺多少錢，總希望還能賺得更多。這就是人性，所以沒辦法，不當競爭真是情非得已的。

　　這種想法，雖然有道理，但遭到松下先生的堅決反對。松下認為，全世界都在為根絕戰爭而努力。同樣的，我們企業界或企業間或國際企業間經濟不斷競爭，也應以彼此的良識努力消除不當競爭才對。[34]

---

34 殷涵著，前引書，頁 79。

　　松下幸之助堅守正道，被譽為「經營之神」，真是當之無愧。

易經的第三十卦：離卦卦辭的〈象傳〉說：

　　〈象〉曰：明兩作，離；大人以繼明照于四方。[35]
　　「明兩作」指離卦的上、下卦都是「離」，「離」代表光明，猶光明兩次升起，所以，〈象傳〉引申出大人以明德普施於四方的義理。[36]

　　傳統儒家講究「德治」，而不苟同於「法治」，如：《論語》中記載：子曰：「道之以德，齊之以禮，有恥且格。」[37]我們當然希望以「德治」培養出廉恥、有格調的人民。
　　易經的大壯卦與上述的離卦類似，它也強調：「堅守正道」與「禮治」。

　　大壯卦的卦形為：「　☰☳　」，下卦為乾，上卦為震，詞義是大為強盛。大壯卦的卦辭為：
　　大壯，利貞。[38]

35　郭建勳注譯，前引書，頁 23。
36　同前註。
37　謝冰瑩等編譯，《新譯四書讀本》，(台北：三民書局，2008 年)，頁 76。
38　郭建勳注譯，前引書，頁 266。

　　大壯卦由初爻至第四爻皆為陽爻，陽爻多，且正在向上增長發展，呈強盛之勢。然而強盛之時，更須堅守貞正，否則將流於橫暴而失其盛。[39] 大壯卦的〈象傳〉說：

　　〈象〉曰：大壯，大者壯也。剛以動，故壯。大壯，利貞，大者正也。正大而天地之情可見矣。[40]

　　此〈象〉辭說：「大者正也」，也就是說：剛大者要堅持正道。因此，大壯卦也強調一個治國理念，就是「堅守正道」。

　　大壯卦的〈象〉辭說：

　　〈象〉曰：雷在天上，大壯；君子以非禮弗履。[41]

　　大壯卦下乾為天，上震為雷，猶雷動於天上。雷聲大作於天上，使天下震懾，如刑法之在朝廷，天下服從，故〈象傳〉引申出非禮弗履的義理。[42] 在此，點出了一個治國理念，就是：「禮治」。「禮治」與「德治」有什麼不同呢？在老子的眼中，「禮治」當然與「德治」沒得比。老子說：「失道而後德，失德而後仁，失仁而後義，失義而後禮。」[43]「禮治」比「德治」差了好幾個層級。但好像又比「法治」強了很多，畢竟，在老子的眼裡，「法治」可是不入流的，在老子的心目中，「無為而治」才是最高的境界。

39　郭建勳注譯，前引書，頁 266。
40　同前註。
41　同前註，頁 267。
42　同前註。
43　老子原著，前引書，頁 80。

大壯卦的第三爻說：

九三，小人用壯，君子用罔，貞厲。羝羊觸藩，羸其角。[44]

此爻言小人濫用強力，必將陷入困境。漢代大儒劉向說：

政有三品：王者之政，化之；霸者之政，威之；強者之政，脅之。夫此三者，各有所施，而化之為貴矣！[45]

濫用強力，威脅他人，終會給自己帶來厄運。強秦三世而亡，不就是最好的例證嗎？

因此，此爻說明了「不濫用強力」這個治國理念。

治國如此，經營企業亦然。試以美國思科公司為例：

美國思科公司成立於一九八四年，作為一家新興高科技公司，思科並沒有像其他傳統企業一樣耗費鉅資建立自己的的研發隊伍，而是把整個矽谷當作自己的實驗室，採取的策略就是收購面向未來的新技術和開發人員，以填補自己未來產品框架的空白，從而迅速建立起自己的研究與開發體系、製造體系和銷售體系，乃至塑造出自己的品牌，使自身的核心競爭力不斷得到增強和拓展。

---

44 郭建勳注譯，前引書，頁 269。

45 劉向原著，左松超注譯，《新譯說苑讀本》，(台北：三民書局，1996 年)，頁 208。

　　思科的併購戰略得以成功，在很大程度上歸功於它們對被併購企業在併購前的考察以及併購後的整合。思科公司人力資源部總監巴巴拉‧貝克甚至認為，除非一家公司的文化、管理作法、工資制度與思科公司類似，否則即使對公司很重要也不會考慮收購。因此，在「瘋狂」的併購中，思科非常注重整個公司的共同目標和前進方向。[46]

　　在大魚吃小魚的併購熱潮中，似應避免濫用銀彈的惡性併購，以免未來自食惡果。

易經中的第三十六卦：明夷卦，亦含有治國的理念。

明夷卦的卦形為：「　　　　」，下卦為離，上卦為坤。詞義為光明殞傷。

　　明夷卦的卦辭為：

　　明夷，利艱貞。[47]

　　明夷卦的〈象傳〉說：

　　〈象〉曰：明入地中，明夷；君子以莅眾，用晦而明。[48]

---

46 殷涵著，前引書，頁184。
47 郭建勳注譯，前引書，頁281。
48 同前註，頁282。

　　此〈象〉辭的意思是說：太陽西下，光明隱入地中，君子治理眾人，要藏其明智，以免過察而傷眾，這是一種寬容的態度。[49]

　　這裡談「寬容」，和前面所講的「明智」是否正好矛盾呢？還是唐代大儒孔穎達說得好，他上書唐太宗說：

　　　「以蒙養正，以明夷莅眾。」[50]

　　這句話是說：用啟迪蒙昧的精神，慢慢培養純正的行為，以用晦而明的態度來包容眾人。「寬容」不是姑息養奸，而是在「啟蒙」的過程中，容許犯錯，讓部屬逐漸改善，回歸正道。

易經的第四十卦：解卦，說明了「仁厚」這種治國理念。

解卦的卦形為：「　　」，下卦為震，上卦為坎，詞義為解除險難。解卦的卦辭為：

　　　解，利西南，无所往，其來復吉。有攸往，夙吉。[51]

　　解卦的〈象傳〉說：

　　　〈象〉曰：雷雨作，解；君子以赦過宥罪。[52]

49　郭建勳注譯，前引書，頁 282。
50　吳兢原著，許道勳注譯，《新譯貞觀政要》，(台北：三民書局，2002 年)，頁 356。
51　郭建勳注譯，前引書，頁 311。
52　同前註，頁 312。

雷雨作，象徵嚴寒已過，萬物承受自然的恩澤而重萌生機，〈象傳〉乃引申出赦過宥罪的義理。[53] 說明為政者當以「仁厚」治理天下，使百姓蒙受其恩澤。

經營企業，也是一樣，老闆也應以「仁厚」對待員工。茲以華特‧迪士尼製片廠為例，說明如下：

華特‧迪士尼製片廠是由迪士尼兄弟製片廠易名而來的。電影行業不太好做，雖然，華特‧迪士尼聞名於全世界，但這並非是華特自我表現的結果。

華特認為，公司裡就「華特‧迪士尼」這個名字最重要，其他的名字不提它也罷。有一次，一位叫肯‧安德生的新人聽他說：

「你是我的人就要接受『華特‧迪士尼』，如果你要推銷『肯‧安德生』，那你還是趁早離開。」

華特是個不記仇的人，對許多離開他的人，他非常歡迎他們重返崗位。烏比‧伊維克是華特早期的合作夥伴，後來到好萊塢另一家製片廠工作，離開公司三十年後的一九六〇年，他們又回到公司。他們互相關心著，而且還製作出一些十分受歡迎的影片。他們對繪製卡通的技術方面很有興趣，烏比有了比以前更好的新的光學技術貢獻。

---

53 郭建勳注譯，前引書，頁312。

既嚴厲又親切，這是華特對工作人員的態度。

一天，肯・安德生把《空權致勝》的劇本大綱彙報給華特。華特要抽菸，肯・安德生主動為其點火，不想弄巧成拙，火焰不幸把華特的鬍子燒焦了，華特勃然大怒，一蹦三尺高：「你專門想害死我……？」辦公室的同事們都擔心安德生會被開除，忐忑不安的安德生終於在第二天從電話中等來了華特的聲音：「你中午打算幹什麼？」兩個人在製片廠餐廳一起共進午餐，大家看到華特一點怨氣都沒有了。

這就是華特，一個表面冷漠，但內心充滿熱情的電影業老闆。[54]

人難免犯錯，身為主管，還是應該大人有大量，不要太計較。

易經的第四十一卦：損卦也說明了「仁德」此一治國的理念。

損卦的卦形為：「　　　　　」，下卦為艮，上卦為兌。詞義為：減損。損卦的〈象傳〉說：

〈象〉曰：山下有澤，損，君子以懲忿窒欲。[55]

此〈象傳〉的意思是：損卦下兌為澤，上艮為山，山下有澤，則自損其水，以增山之高，〈象傳〉引申出減損盛氣與欲望，以增益其德的義理。[56]

---

54 殷涵著，前引書，頁53。
55 郭建勳注譯，前引書，頁320。
56 同前註。

　　很多在上位者，喜歡發脾氣，又有無限的貪慾，這些，都
會影響到德行的培養。損卦給了上位者最中肯的警惕。

易經的第四十二卦為益卦，與上一卦：損卦，正好相反。
損卦是損下以益上，益卦則是損上以益下。

益卦的卦形為：「　〓〓〓　」，下卦為震，上卦為巽。詞義為
增益。益卦的〈象傳〉說：

　　〈象〉曰：益，損上益下，民說无疆，自上下下，其道大
光。[57]

　　此〈象傳〉辭，說明了一個治國理念，就是：「施惠於民」。
馬英九前總統主政時，政府發放消費券，每人三六〇〇元，對
窮苦的小老百姓來說，真是一大德政。政府不要只顧大企業主
的利益，施政方向一定要正確才好。

　　益卦的第五爻，也說明了「施惠於民」這個治國理念：
　　九五，有孚惠心，勿問元吉，有孚惠我德。[58]
　　此爻陽剛中正，居於君位，有施惠天下，大益下民之象，
只要誠心施惠於民，必可獲得吉祥。[59]

---

57 郭建勳注譯，前引書，頁 326。
58 同前註，頁 331。
59 同前註。

易經的第四十三卦：夬卦亦論及「施惠於民」的治國理念。

夬卦的卦形為：「▇▇▇▇」，上卦為兌，下卦為乾，詞義為決斷。夬卦的〈象傳〉說：

　　〈象〉曰：澤上於天，夬；君子以施祿及下，居德則忌。[60]

　　夬卦上兌為澤，下乾為天，其象為澤中水氣蒸發上升於天，水氣復凝結為水滴而下降成雨，普降甘霖，有「施惠於民」的象徵。[61]

易經的第四十八卦：井卦說明了一個治國理念：服務民眾。

井卦的卦形為：「▇▇▇▇」，下卦為巽，上卦為坎。詞義為水井。

　　井卦的〈象傳〉說：

　　〈象〉曰：木上有水，井；君子以勞民勸相。[62]

　　此〈象〉辭是說：井卦下巽為木，上坎為水，猶木上有水。樹木體內有水份，由根莖向上運行，猶井水汲上以養人，〈大象傳〉乃引申出「服務民眾」的義理。[63]

　　井卦的第五爻更進一步要求君主要「澤被人群」。

　　九五，井冽，寒泉食。[64]

60 郭建勳注譯，前引書，頁335。
61 郭建勳注譯，前引書，頁335。
62 同前註，頁327。
63 同前註。
64 同前註，頁376。

此爻陽剛中正而居尊位，最能體現水井養育眾人的德性，故其水清如寒泉，而眾人食之。此為君子德澤深厚，廣施於人之象。[65]

易經的第六十三卦：既濟卦，蘊含著「居安思危」的治國理念。

既濟卦的卦形為：「☷☵」，下卦為離，上卦為坎。詞義為事已成。

既濟卦卦辭的〈象傳〉說：

〈象〉曰：水在火上，既濟；君子以思患而豫防之。[66]

既濟卦下離為火，上坎為水，水在火上，為炊煮食物之象，因此，飲食成而生命得以保障，然飽食以後易驕縱而致禍患，故〈象傳〉引申出思患而豫防之的義理。[67]

經營企業，也要思患而豫防之，茲以日本八百半蔬果供應店為例，說明如下：

和田一夫努力經營著日本有名的八百半蔬果供應店。

---

65 郭建勳注譯，前引書，頁376
66 郭建勳注譯，前引書，頁482。
67 同前註。

　　和田的店鋪以伊豆半島為中心，包括靜岡縣和神奈川縣也都是他的領域。和田在這些地方一向都很小心，很仔細地規劃經營。

　　但是，當時商品銷售業非常不穩定，國際性的連鎖店隨時有可能會入侵他的勢力範圍；也就是說，除非本身實力雄厚，否則必須承擔沉重的風險。

　　在強敵環伺的情況下，和田摸索著生存之道。例如，和其他連鎖店聯營可以增加資金，防止更大的組織滲入；但是，聯合並非合併，如果被對方吃掉，八百半的字號就將永遠消失了。

　　面對這樣的局勢，和田想：「何不在被大組織併吞前，先到國外去發展，鞏固自己的基礎，這樣，就能產生雄厚的力量，八百半就可以長存。」

　　和田立即著手計劃到國外去，開設地方性超級市場的事宜，先在巴西，再到新加坡等地。

　　和田深知，一旦陷入敵人的重圍，除了採取「金蟬脫殼」之計突圍外，則無其他生存之道。因此，很慎重的處理。後來，果然奏效了，八百半的國外分公司擴展至十二家，員工多達六千人，年營業額高達兩億五千萬美元，單單靠國外這些雄厚的資本，八百半就可穩固地生存下去。[68]

易經的經營策略小結：

---

68 殷涵著，前引書，頁239。

（一）厚德載物。（坤卦）

（二）慷慨 VS.吝嗇。（屯卦）

（三）道法自然。（豫卦）

（四）以法明示天下，並以權威行之。（噬嗑卦）

（五）清明。（賁卦）

（六）簡樸。（賁卦）

（七）仁厚。（剝卦）（解卦）

（八）明智。（復卦）

（九）仁德。（大蓄卦）（坎卦）（損卦）

（十）堅守正道。（離卦）（大壯卦）

（十一）德治。（離卦）

（十二）禮治。（大壯卦）

（十三）不濫用強力。（大壯卦）

（十四）寬容。（明夷卦）

（十五）施惠於民。（益卦）（夬卦）（井卦）

（十六）服務民眾。（井卦）

（十七）澤被人群。（井卦）

（十八）居安思危。（既濟卦）

五、易經的經營策略

易經中，論及經營策略者，計有：蒙卦、需卦、師卦、比卦、泰卦、**蠱卦**、**觀卦**、噬嗑卦、**離卦**、咸卦、恆卦、解卦、困卦、**漸卦**、豐卦、旅卦、**巽卦**、節卦與中孚卦等共十九卦。

現在分別說明如下：

蒙卦是易經的第四卦，蒙卦的卦形為：「 」，下卦為坎，上卦為艮，義為蒙昧幼稚。蒙卦下坎為水，上艮為山，水被山所阻隔，但水會慢慢滲透並流出來，故有漸啟蒙昧之義。[1]

蒙卦的〈彖傳〉說：

〈彖〉曰：蒙，山下有險，險而止，蒙。蒙，亨，以亨行時中也；匪我求童蒙，童蒙求我，志應也；初筮告，以剛中也；再三瀆，瀆則不告，瀆蒙也；蒙以養正，聖功也。[2]

「蒙以養正」，乃是透過啟迪蒙昧來培養純正的品行。國家如何來啟迪蒙昧呢？國家可透過家庭、學校與企業等中介團體來實施，也就是要強化親職教育、師範教育、管理教育，使

---

1 郭建勳注譯，前引書，頁 44。
2 同前註，頁 45。

父母、老師、管理人員都能肩負起教育子女、學生與部屬的責任，尤其是親職教育最重要，政府應在這一環節加把勁，啟蒙教育不是在國小，也不是在幼稚園，而是在家中。在離婚率升高，單親、隔代教養的狀況日益增加的今天，家庭教育的問題將日益嚴重。

政府應著手規劃實施親職教育，讓新婚夫婦在戶政機關辦理結婚登記後，即排定上課時間，學習如何教導子女，而不是只靠模仿自己的父母或身邊的人。

企業也是一樣，透過企業文化、管理規章等教導員工正確的行為模式，潛移默化、日積月累，將員工培養成各級幹部，這也是「蒙以養正」啊！

蒙卦的初爻，強調「典型」的示範作用：

初六，發蒙，利用刑人，用說桎梏；以往吝。[3]

蒙卦的初爻，象徵啟蒙的初始階段，可以用「樹立典範」的方法，使人解除心靈的蒙蔽，但不可操之過急。[4]

需卦，易經的第五卦，其卦形為：「 」，下卦為乾，上卦為坎，詞義為等待。

需卦的第五爻，其爻言為：

九五，需于酒食，貞吉。[5]

---

3 郭建勳注譯，前引書，頁 46。
4 同前註。

酒食喻德澤，此爻以陽剛居於君位，得中得正，且等待已久，事務的發展已出現轉機，為君者應當「見機而作，膏澤天下」，以收攬人心。[6]

易經的第七卦：師卦，論及「容民畜眾」這個治國策略。前面討論創業理念時，曾介紹過師卦。

師卦卦辭的〈象傳〉說：

〈象〉曰：地中有水，師；君子以容民畜眾。[7]

師卦下坎為水，上坤為地，是為「地中有水」之象。大地裡面儲藏著水源，這就是兵眾的象徵；君子應當廣容百姓，積聚兵源。[8]

商鞅變法所提出來富國強兵的策略中，有一個策略就是招徠三晉地區的人民，開墾秦國的土地，以增加糧食的生產，而由原秦國的百姓負責征戰，可謂「一石二鳥」之計。

慎到談「勢」，認為君主所以有高高在上的「威勢」，是因為他得到眾人之助，而民眾越多，他的「威勢」就愈壯盛。[9]小國寡民的君主比起泱泱大國的君主，當然，不可同日而語。因此，君主要廣容百姓，才能增強自己的威勢。

---

5 郭建勳注譯，前引書，頁 57。
6 同前註。
7 同前註，頁 68。
8 同前註。
9 孫開泰著，《法家史話》，(台北：國家出版社，2004 年)，頁 85。

企業也是一樣，假如，一位老闆手下有四十萬員工，走起路來，就會有風。

易經的第八卦：比卦，說明了另一個治國策略，就是：增強凝聚力。

比卦的卦形為：「 ䷇ 」，下卦為坤，上卦為坎，詞義為親比，即親密相依。比卦的卦辭為：

比，吉。原筮，元永貞，无咎。不寧方來，後夫凶。[10]

本卦卦辭的〈象傳〉說：

〈象〉曰：地上有水，比；先王以建萬國，親諸侯。[11]

比卦下坤為地，上坎為水，為地上有水之象。地上有水，水親附於地，兩者親密無間，這就是親比的象徵；先王憑此分封宗室、功臣而建立萬國，使諸侯親附。

本卦的九五爻乃唯一的陽爻，且得中得正，為全卦的主爻，有在上位者之象，當發揚美德，使各陰爻均前來親附，形成一種凝聚力。[12]

台灣地區，連鎖加盟體系紛紛成立，加盟主與加盟店之間，也是要建立起「親密相依」的關係，加盟主要重視這種親密的夥伴關係，不要因細故而破壞了它。

---

10 郭建勳注譯，前引書，頁 74。
11 同前註，頁 75。
12 同前註，頁 74。

易經的第十一卦：泰卦，說明了：「謙遜」這個治國策略。

泰卦的卦形為：「☷☰」，下卦為乾，上卦為坤。詞義為通泰。泰卦的卦辭為：

泰，小往大來，吉，亨。[13]

「小往」，指坤卦居外卦，坤為陰，為小；「大來」，指乾居內卦，乾為陽、為大。坤陰向下而往，乾陽向上而來，兩相交合，實現了本卦所象徵的通泰之道。[14]

泰卦的第五爻，也說明陰陽相應，上下交通，為通泰至美之象：

六五，帝乙歸妹，以祉元吉。[15]

「帝乙」乃商紂王之父，「歸妹」猶言嫁女。「祉」乃福祉之意。此爻居尊位，乃以古代帝王之女出嫁，比喻六五下應九二之爻，兩爻陰陽相應，上下交通。象徵尊貴者以「謙遜」下求賢者，可得大吉。[16]

劉備「三顧茅廬」敦請諸葛亮出馬的故事，成為千古美談，即為最佳例證。

---

13 郭建勳注譯，前引書，頁 96。
14 同前註。
15 同前註，頁 102。
16 同前註。

易經的第十九卦：蠱卦則描述「撥亂反正」這個治國策略。

　　蠱卦的卦形為：「　　　　　」，下卦為巽，上卦為艮。詞義為蠱亂、蠱惑、蠱害。

　　蠱卦卦辭的〈象傳〉說：

　　〈象〉曰：山下有風，蠱；君子以振民育德。[17]

　　蠱卦下巽為風，上艮為山，猶山下有風。風向山吹，山上草木果實散亂，是為惑亂敗壞之象；當此之時，君子必須有所作為，匡除惑亂，以振民育德，從而撥亂反正，使亂轉向治。[18]

　　春秋時代，楚莊王即位後，行事低調，甚至可以說毫無作為。三年後，開始進行大刀闊斧的改革：廢止了十項政策，新增了九項，誅殺了五位大臣，擢舉了六位平民，於是，國家大治。接著，他舉兵伐齊，在徐州大敗齊軍，又勝晉於河雍，會盟諸侯於宋，遂稱霸天下。[19]

易經的第二十卦：觀卦則說明了「觀民設教」
　　這個治國策略。

　　觀卦的卦形為：「　　　　　」，下卦為坤，上卦為巽，詞義為觀察、瞻仰、省察。

---

17 郭建勳注譯，前引書，頁 149。
18 同前註。
19 韓非原著，前引書，頁 227。

觀卦卦辭的〈象傳〉說：

〈象〉曰：風行地上，觀；先王以省方觀民設教。[20]

觀卦下坤為地，上巽為風，所以，「風行地上」，藉此，引申出巡察四方，觀民情，以設立教化的義理。[21]

政府施政，一定要了解實地的狀況，才能知道人民的需要，負責政策規劃的人，不能閉門造車。「八八風災」的重建工作也是一樣，災民們要的是什麼？我們不能從「漢民族」的眼光去思維，一定要實地去了解「原住民」的文化以及風俗習慣，才知道怎麼做才是對災民們是最好的。不要等到他們夜宿凱達格蘭大道，才聽得到他們的聲音。

企業在從事行銷規劃時，也要了解當地的狀況，才不致於遭遇滯銷的窘境

銀髮住宅是否有春天

為了肆應「高齡化社會」的來臨，潤泰集團於民國八十二年在淡江大學旁推出「潤福生活新象」老人住宅，強調對銀髮族的特殊服務：

一、生活照顧：

聘請營養師、廚師等餐飲服務人員，提供適合銀髮族生理特性的三餐，另有專人負責房間的清潔打掃。

---

20 郭建勳注譯，前引書，頁 163。
21 同前註，頁 164。

二、無障礙空間：

地板無高低差、採用防滑地磚，設置走廊安全扶手等，另外還設有中央監控室，提供緊急呼叫系統等生活照顧措施。

三、設置「健康管理室」：

與醫院合作，提供日常健康諮詢、定期健康檢查、緊急疾病送醫、就醫約診、慢性病患照顧等服務，打出「護士隨侍在側，醫師定期駐診」的宣示。

四、休閒養生服務：

提供健身中心、KTV 視聽室、圖書閱覽室等運動休閒設施，並舉辦各種健康、藝文講座與課程。

五、理財諮詢服務：

在專家協助下進行各種金融投資。

以上各項規劃看起來相當周密完善，但推出後，市場反應並不理想，後來，只得將房屋銷售改為「只租不賣」。[22]

事後檢討這個建案失敗的原因，可能是時機不對，若晚個二、三十年再推出，也許就可一炮而紅。也許是：老人家仍喜歡和家人住在一起。也許是：廣告打得太少。也許，最根本的原因是：人都快走了，還買棟房子留給誰住呢？

易經的第二十一卦：噬嗑卦指出一個治國策略，就是「刑期無刑」。噬嗑卦在前面談經營理念時，曾介紹過。它的初爻是：

---

22 葉日武著，《行銷學》，〈台北：前程企管公司，1997 年〉，頁 328。

初九，履校滅趾，无咎。[23]

初爻的〈象傳〉說：

〈象〉曰：履校滅趾，不行也。

此〈象傳〉的意思是：給初犯者戴上腳桎，損傷他的腳趾，是為了使他不重犯過失。意即：刑期無刑也。

商鞅對輕罪即施以重刑，也是希望「刑期無刑」。[24]

前面談論經營理念時，有提及易經的離卦，而它與治國策略也有關係：

離卦的上爻說：

上九，王用出征，有嘉折首，獲匪其醜，无咎。[25]

此爻言的〈象傳〉說：

〈象〉曰：王用出征，以正邦也。[26]

此〈象傳〉的意思是說：君王出師征討，是為了使國家走上正道啊！[27]

本卦與比卦有些差異，比卦是：「王用三驅，失前禽，邑人不誡，」[28] 對那些不願親比的人任其離去；而離卦則對不願

---

23 郭建勳注譯，前引書，頁 171。
24 商鞅原著，前引書，頁 141。
25 郭建勳注譯，前引書，頁 243。
26 同前註。
27 同前註。
28 同前註，頁 79。

親附者加以討伐，對低頭認錯者予以嘉獎，對堅持背逆者則把他抓起來並給予懲罰。在此，揭示了一個治國策略就是：「黨同伐異」，而是否會讓國家上正道，就要看君王本身了！

易經的第三十一卦：咸卦，亦與治國策略有關。

咸卦的卦形為：「」，下卦為艮，上卦為兌，詞義為交感、感應。

　　咸卦的卦辭為：

　　咸亨，利貞，取女吉。[29]

　　咸卦卦辭的〈彖傳〉說：

　　〈彖〉曰：咸，感也。柔上而剛下，二氣感應以相與，止而說，男下女，是以亨，利貞，取女吉也。天地感而萬物化生，聖人感人心而天下和平。觀其所感，而天地萬物之情可見矣。[30]

　　「聖人感人心而天下和平」，這句話是說：聖人以仁德感化人心，使天下和睦平安。它展現出教化的力量，也顯現出聖人的偉大。這裡，指出了一個治國策略，就是：「感化人心」。有感動，才有行動。歷史上，偉大的成就都是靠領導者以精神感召人民，大家團結一致，努力奮鬥，才得到的。

---

29 郭建勳注譯，前引書，頁 244。
30 同前註，頁 245。

　　西元一九一五年，日本大阪的蘆邊劇場要改成西式戲院。松下幸之助服務的電燈公司包下其中的電氣工程。年僅二十歲的松下被任命為三個工程組的總管。整個工期是六個月，電氣工程與建築工程同步進行。電線要經常穿過牆體，必須告知建築工預留孔眼。否則，牆體粉飾好再打洞，不但麻煩，而且後補的粉飾跟原來的怎麼都不能一個樣。還有，裝線必須利用建築工的鷹架，如果鷹架拆了，再裝線，那會費工費時費料。

　　因此，兩項工程的協調非常重要。建築工與電氣工似乎是兩個世界的人，建築工幾乎都沒文化，十分粗魯，加之電氣工一貫的心高氣傲，很叫建築工反感。所以在施工時，建築工會故意刁難，態度粗暴而不講理。相比之下，有小知識份子之稱的電氣工，顯得書生氣十足，在爭執中，根本不是建築工的對手。

　　松下最感吃力的就是協調的工作，幸好，建築包工頭還是個通情達理的人，他主動配合松下協調雙方的進度與爭執。

　　由於最初的協調工作未做好，工程未能如期完成，不得不把試燈的日期後延兩三天。

　　劇場主人時常來催，問：「到時候燈會亮嗎？」松下以肯定的語氣答覆說：「會亮的，請放心。」其實，他心中不是十分有把握──畢竟是第一次接觸這麼浩大而複雜的工程。

時值十二月，北風怒號，寒風刺骨。未完成的線路剛好在戶外，又要夜間加

班，人站在高高的的鷹架上，真是不勝其寒。工人已連續加班，個個精疲力盡雙眼通紅，再這麼下去，人非垮掉不可。

松下召集工人訓話，大意是：「這個劇場是要放電影的，大阪有好些人等著看電影。到時候放電影沒有電，大阪市民就會罵我們，還會罵我們電燈公司！大家明白了沒有？」

松下結結巴巴講完這席話，一臉緋紅，他自以為講得很彆腳的話，卻包含很實在的內容。工人一時精神大振，士氣高昂，連續三天三夜不睡覺，拼命趕工。

劇場如期開幕，電氣工程如期完工，並試燈成功。通過這件事，松下感覺到了精神的巨大作用和感召力。在他以後的經營事業中，訓話、動員則成為其中一項很重要的內容。[31]

咸卦卦辭的〈象傳〉說：

〈象〉曰：山上有澤，咸；君子以虛受人。[32]

---

31 王志剛著，《企業經營之神　松下幸之助傳奇》，(台北：詠春圖書文化公司，2002 年)，頁 50-53。

32 郭建勳注譯，前引書，頁 246。

咸卦下艮為山，上兌為澤，所以，〈象傳〉說，「山上有澤」，澤在山上，山承載澤，澤滋潤山，兩相交感，〈象傳〉因此而引伸出君子「虛懷若谷」，以容納眾人的義理。[33]

易經的第三十二卦：恆卦，則蘊涵了「樹立恆久不變之道」的治國策略。恆卦的卦形為：「 ䷟ 」，下卦為巽，上卦為震，詞義為恆久。

恆卦卦辭的〈象傳〉說：

〈象〉曰：雷風，恆；君子以立不易方。[34]

恆卦下巽為風，上震為雷，猶雷與風恆長相伴相隨，〈象傳〉因此引申出樹立恆久不變之道的義理。[35]

什麼是「恆久不變之道」呢？在倡議「變法」的人士眼裡，有「恆久不變之道」嗎？當然，有些立身、處世之道是恆久不變的，如：正直、仁民愛物等。儘管某些倡議「變法」的人士可能也會認為這些也都不是「恆久不變之道」。

前面談治國理念時，曾談及解卦，解卦蘊涵了「仁厚」這個治國理念，而解卦也蘊涵了一個治國策略：「以誠信感化小人」。

---

33 郭建勳注譯，前引書，頁 246。
34 同前註，頁 253。
35 同前註。

解卦的第五爻說道：

六五，君子維有解，吉，有孚于小人。[36]

此爻居於尊位，有君子之象，下應九二，故能解難排患，還能以誠信感化小人。[37]

易經第四十七卦：困卦，它含有「省刑罰」這個治國策略。

困卦的卦形為：「 ䷮ 」，下卦為坎，上卦為兌，詞義為困厄。

困卦的第五爻，其爻言為：

九五，劓刖，困於赤紱，乃徐有說，利用祭祀。[38]

此爻陽剛居於尊位，有剛猛過甚而施用酷刑以治民之象，因而有困於尊位之象，須改過方可脫困。[39]

因此，「省刑罰」是歷代明君一個非常重要的治國策略。此治國策略與法家的「治亂世，用重典」有很大的差異。兩者如果硬要綁在一起的話，就說：在太平盛世，要「省刑罰」；而治亂世，就要用重典。

接著是易經的第五十三卦：漸卦。

---

36 郭建勳注譯，前引書，頁 316。
37 同前註。
38 同前註，頁 368。
39 同前註。

漸卦的卦形為：「　　　」，下卦為艮，上卦為巽，詞義為
漸進。漸卦卦辭的〈象傳〉說：

　　〈象〉曰：山上有木，漸；君子以居賢德善俗。[40]

　　漸卦下艮為山，上巽為木，所以，〈象傳〉說：「山上有
木」，山上的樹木成長較緩慢，所以，本卦卦名為「漸」，〈象
傳〉更引申出君子要漸蓄賢德、漸化風俗的義理。[41] 因此，本
〈象傳〉所蘊涵的一個治國策略就是：「漸蓄賢德，漸化風俗」。

　　賢德要慢慢培養、慢慢蓄積，移風易俗也不是一蹴可幾。
很多事情，都不能太心急，十年樹木，百年樹人，千萬要耐心
等待。

易經第五十五卦：豐卦，說明了另一個治國策略：「以威明
施治」。

　　豐卦的卦形為：「　　　」，下卦為離，上卦為震，詞
義為豐大、豐盛、豐沛。豐卦卦辭的〈象傳〉說：

　　〈象〉曰：雷電皆至，豐；君子以折獄致刑。[42]

　　豐卦下離為電，上震為雷，猶雷電皆至。雷電交加，其氣
勢豐沛盛大，威明備足，〈象傳〉由此引申出決斷案件、動用
刑罰，以威明施治的義理。[43]

---

40 郭建勳注譯，前引書，頁 409。
41 同前註，頁 409。
42 同前註，頁 424。
43 同前註。

易經第五十六卦：旅卦，則說明了「明慎用刑、迅速斷案」的治國策略。

　　旅卦的卦形為：「▨▨▨」，下卦為艮，上卦為離，詞義為行旅。旅卦下艮為山，上離為火，火在山上，不可安居，匆匆而過，故名旅。

　　旅卦卦辭的〈象傳〉說：

　　〈象〉曰：山上有火，旅；君子以明慎用刑而不留獄。[44]

　　火在山上，匆匆而過，迅速蔓延，〈象傳〉乃引申出明慎用刑，迅速斷案的義理。[45]

易經第五十七卦：巽卦，則說明了「反復地曉諭命令、施行政事」這個治國策略。巽卦的卦形為：「▨▨▨」，上、下卦皆為巽，詞義為謙順。

　　巽卦卦辭的〈象傳〉說：

　　〈象〉曰：隨風，巽；君子以申命行事。[46]

　　巽卦上下卦皆為巽，巽為風，猶風連續相隨而吹，萬物被風吹拂，無所不順，因此，〈象傳〉乃引申出申命行事的義理。

44　郭建勳注譯，前引書，頁 431。
45　同前註，頁 432。
46　同前註，頁 439。

所以，此〈象傳〉所揭示的治國策略為：「反復地曉諭命令、施行政事」。

易經第六十卦：節卦，則說明了「適度節制」這個治國策略。

節卦的卦形為：「☵☱」，下卦為兌，上卦為坎，詞義為節制。

節卦的卦辭為：
節，亨，苦節不可貞。[47]
其意為：節制可亨通，但若過度的節制反而不利於正道。
節卦卦辭的〈象傳〉說道：
〈象〉曰：澤上有水，節；君子以制數度，議德行。[48]

節卦下兌為澤，上坎為水，猶澤上有水，水注入澤中，過度將溢，須加以節制。〈象傳〉由此引申出用制定制度和評議德行的方式來節制人的行為。

因此，節卦的卦辭和〈象傳〉說明了「適度節制」這個治國策略。

易經第六十一卦：中孚卦，說明了「心懷誠信」這個治國策略。

---

47 郭建勳注譯，前引書，頁 458。
48 同前註，頁 460。

中孚卦的卦形為：「⚌」，下卦為兌，上卦為巽，詞義為：心中誠信。中孚卦的卦辭說道：

中孚，豚魚吉，利涉大川，利貞。[49]

中孚卦的卦形上下皆陽爻，中間為陰爻，陽實而陰虛，為中心孚信之象。日本儒學大師伊川認為存於心中為孚，表現於事為信。[50] 此卦辭說明君子當以誠信待人，並以正道為前提，如此，必將有利。因此，中孚卦說明了一個治國策略，就是「心懷誠信」。

易經的經營策略小結：

（一）蒙以養正。（蒙卦）

（二）樹立典範。（蒙卦）

（三）見機而作，膏澤天下。（需卦）

（四）容民蓄眾。（師卦）

（五）增強凝聚力。（比卦）

（六）謙遜。（泰卦）

（七）撥亂反正。（蠱卦）

（八）觀民設教。（觀卦）

（九）刑期無刑。（噬嗑卦）

---

49 郭建勳注譯，前引書，頁 465。
50 同前註，頁 466。

（十）黨同伐異。（離卦）

（十一）感化人心。（咸卦）

（十二）虛懷若谷。（咸卦）

（十三）樹立恆久不變之道。（恆卦）

（十四）以誠信感化小人。（解卦）

（十五）省刑罰。（困卦）

（十六）漸蓄賢德，漸化風俗。（漸卦）

（十七）以威明施治。（豐卦）

（十八）明慎用刑、迅速斷案。（旅卦）

（十九）反覆地曉諭命令、施行政事。（巽卦）

（二十）適度節制。（節卦）

（二十一）心懷誠信。（中孚卦）

六、易經的競爭策略

在易經中論及競爭策略者，計有：師卦、同人卦、謙卦、坎卦、遯卦、大壯卦、萃卦與中孚卦等八卦。現分別說明如下：

首先，是易經中的第七卦：師卦。在前面談創業理念與經營策略時，均已論及師卦，師卦的第三爻則與競爭策略有關：

六三，師或輿尸，凶。[1]

此爻以陰柔居下卦之上，下乘陽剛（九二），不中不正，上無陽應，有勢孤力單而又貪功躁進之象，因致凶險，有可能用車載著陣亡將士的屍體歸來。[2]

作戰切忌貪功躁進，孫臏與龐涓的故事，就是很好的例證。

周顯王二十九年（公元前三四〇年），魏惠王以韓國沒有參加四年前由魏國召集的逢澤之會為由，派太子申和龐涓率兵大舉攻打韓國。韓哀侯自知不敵，乃遣使去齊國求援。

齊宣王乃任命田忌為大將，孫臏為軍師，率兵馳援韓國。孫臏再度採取「圍魏救趙」的戰術（十三年前，曾用

---

1 郭建勳注譯，前引書，頁 70。
2 同前註。

過一次），大軍直奔魏都大梁。魏王乃令龐涓迅速回師魏國，以防不測。孫臏見魏軍聲勢浩大，乃引兵東撤，裝作懼怕魏軍的樣子。第一天造十萬人作飯用的鍋灶，第二天減為五萬人的鍋灶，第三天減為三萬人的鍋灶。龐涓見狀，以為齊軍逃亡者眾，就親率精銳騎兵，馬不停蹄，晝夜兼程地沿著齊軍撤退的方向猛追不捨。

孫臏估算龐涓行軍的速度，料定魏軍於黃昏時將到馬陵。馬陵地勢險峻，一條窄道夾在兩山中間，道旁樹木叢生，是設伏殲敵的好地方。於是孫臏命令齊軍停止前進，砍伐樹木，堵塞道路，孫臏還特意命兵士把路旁的一棵大樹刮去一段樹皮，在白色的樹幹上用黑煤寫了八個大字：「龐涓死於此樹之下」。待一切準備就緒後，孫臏挑選了一萬名弓弩手，埋伏在山路兩旁，然後發出命令說：「天黑的時候，只要看見火把，就一齊射箭。」

果然，不出孫臏所料，黃昏時龐涓率領魏軍來到馬陵道，時值十月下旬，又無月色。魏軍人困馬疲，都想停下來歇歇腳。這時，前軍回報說，有斷木塞路，難以前進。龐涓以為是齊兵懼怕魏軍追殺，故設障礙，便命人搬木開路，他忽然抬頭看見樹木砍白處，隱隱有字跡看不清楚，就命軍士取火照之，龐涓於火光之下，看到了那八個字，大吃一驚，知道中計，急令退兵，怎奈為時已晚，齊軍萬名弓弩手一見火光，立刻萬箭齊發，魏軍頓時大亂，既無

法抵抗，又無路可逃，死傷殆盡。龐涓也身中數箭，知道
無法挽回大局，只好拔劍自刎而死。[3]

就商場而言，若某產品的產品生命週期已進入成熟
期，從每月的銷售數字來看，還蠻吸引人的。此時，貿然
加入戰局，也開始生產該項商品的話，可能好景不常，當
商品進入衰退期後，不知會積壓多少存貨？此時，可能就
會跳入須進行價格割喉戰的「紅海」中了！啊！「藍海」
到底在哪裡啊！這時，後悔已來不及了。[4]

易經的第十三卦：同人卦，其第三爻的爻言說明了位卑
者對待位尊者之道。

䷌

同人卦的卦形為：「䷌」，下卦為離，上卦為乾，詞
義為和同於人，揭示人與人之間應當保持一種和諧融洽的關係。

同人卦的第三爻，其爻言為：
九三，伏戎於莽，升其高陵，三歲不興。[5]
其意為：埋伏軍隊於草莽之間，又登上高山不斷窺視，但
三年也不敢興兵作戰。

---

3 王振忠編著，《應對人生的大謀略》(上)，(台北：典藏閣公司，2003 年)，
頁 94-98。
4 金偉燦、莫伯尼合著，黃秀媛譯，《藍海策略》，(台北：天下遠見出版公司，
2005 年)
，頁 15。
5 郭建勳注譯，前引書，頁 115。

此卦唯六二爻一陰，其餘五陽爻均欲與其和同，九三亦不例外，然六二與九五有應，九三居下卦之終，陽處陽位，性甚剛烈，故有與九五興兵爭鬥、強行與六二和同之象。但九三相對九五，力弱位卑，雖屢加窺視，終不敢興兵。因此，九三爻告訴我們要「量力而為，不可強爭」。

有兩個實例，一個是日本的「本田技研」，另一個則是美國的高露潔。

當今世界摩托車銷售中，每四輛就有一輛是「本田」產品，從這個數字中可以看出「本田」銷售網之大。但如此龐大的銷售網卻是從日本的自行車零售商店開始起步的。

一九四五年，第二次世界大戰結束，本田宗一郎取得了五百個日本軍隊用來帶動野外電台的小引擎。他把這些小巧的引擎安裝到自行車上。這種改裝的自行車非常暢銷，五百輛很快就賣完了。

本田宗一郎從這件事上看到了摩托車的潛在市場，成立了「本田技研工業株式會社」，決定開創摩托車事業。

一批批可以裝在自行車上的「克伯」牌引擎生產出來了，光靠當地的市場是容納不了的。本田宗一郎面臨著如何將產品推銷出去的問題。

本田找到了新的合夥人，他叫藤澤武夫，過去是一位對銷售業務自有一套的小經銷商。

　　當本田與藤澤商量如何建立全國性的銷售網時，藤澤建議說：「全日本現在有兩百家摩托車經銷商店，他們都是我們這樣的小製造商拼命巴結的對象，一向心高氣傲。如果我們要插入其中，就得損失大部分的利益。但同時，你不要忘記，全國還有五萬家自行車零售商店。對他們來說，若銷售摩托車，則既擴大了業務範圍，增加了獲利管道，同時又能刺激自行車的銷售。加上我們適當讓利，這塊肥肉他們不吃嗎？」本田一聽，覺得是條妙計，請藤澤立即去辦。

　　於是，一封封信函雪片般地飛向遍佈全日本的自行車零售商店。信中除了詳細介紹「克伯」引擎的性能和功效外，還告訴零售商每只引擎零售價二十五英鎊，回折七英鎊給他們。

　　兩星期後，一萬三千家商店做出了積極反應，藤澤就這樣巧妙地為「本田技研」建立了獨特的銷售網。本田產品從此開始進軍全日本。[6]

　　在二十世紀七〇年代初期，美國高露潔公司一直在寶潔公司的陰影下慘澹經營。在洗滌、清潔用品方面，寶潔公司以五：一的資源優勢輕易擊敗高露潔公司；在零售商層次上，寶潔公司又以三：一的優勢遙遙領先高露潔公司；研究人員也是高露潔公司的三倍。當一九七三年戴維・福斯特（David Foster）就任高露潔公司總經理時，

---

6 殷涵著，前引書(上)，頁149-150。

他就清醒地認識到向寶潔公司發動正面進攻是徒勞無功
的，而只能採用迂迴戰術，因而實施以下具體戰術：

一、高露潔公司透過加強海外的領先地位，不斷佔領海外
市場。

二、在國內經營無關多元化產品。先後收購紡織品、醫藥
產品、化妝品、運動器材、食品等，從而形成多角化經營
的典型公司。

三、加強研究開發上的投入，不斷提高其主營產品的品
質。這樣高露潔公司透過迂迴包抄寶潔公司，使一九七一
年自己的實力由寶潔公司的一半，發展到一九七六年為寶
潔公司的四分之三，安然的與寶潔公司抗衡了。[7]

易經的第十五卦：謙卦，也蘊含著競爭策略。

謙卦的卦形為：「　☷☶　」，下卦為艮，上卦為坤，詞
義為謙虛、謙讓。

謙卦的第五爻，其爻言為：

六五，不富以其鄰，利用侵伐，无不利。[8]

此爻以陰居上卦之中，以柔處尊位，能居尊貴之位而保謙
下之德，不與比鄰爭求富貴；同時，處尊位者，欲存謙道，必
去驕逆，故有「征伐驕逆」之象。

---

7 殷涵著，前引書〔下〕，頁 2-3。
8 郭建勳注譯，前引書，頁 131。

易經的第二十九卦爲坎卦，在前面談經營理念時，曾討論過它。坎卦除了包含經營策略之外，也含有競爭策略的想法。

坎卦卦辭的〈象傳〉說道：

〈象〉曰：習坎，重險也。水流而不盈，行險而不失其信。維心亨，乃以剛中也。行有尚，往有功也。天險不可升也，地險山川丘陵也，王公設險以守其國，險之時用大矣哉！[9]

利用山川丘陵的地勢，「設險以守其國」是防範敵人入侵的一個很重要的手段。當年，國共內戰情勢不利時，有人建議先總統蔣中正先生據守長江南岸，以長江為天險，不讓中共渡江。但蔣中正先生以長江太長，防守不易，不如痛下決心，退守台灣，以台灣海峽為天險，較利於防守，遂下令政府機關，三軍部隊撤退到台灣。

易經第三十三卦：遯卦，亦有談論到競爭策略。

遯卦的第五爻說道：

九五，嘉遯，貞吉。[10]

嘉遯，意為盡善盡美的退避。此爻陽剛居尊位，得中得正，能高瞻遠矚，深思熟慮，及時退避以待轉機，且下之六二亦與其有應，堅定地隨它一起行動，此可謂至嘉至善的退避。有一

---

9 郭建勳注譯，前引書，頁 230。
10 同前註，頁 264。

個很好的例子，就是在第二次世界大戰時，太平洋聯軍統帥麥克阿瑟將軍駐守菲律賓的馬尼拉，一九四一年十二月七日，日軍大舉進犯，麥克阿瑟將軍見日軍來勢洶洶，不願正面迎戰，造成重大傷亡，遂下令撤退，他留下了一個歷史鏡頭就是叼著一根雪茄，喃喃地說道：「我還會回來的！（I will come back!）」。果然，三年後，麥帥以「躍島戰術」，收復了菲律賓。[11]

作戰，不是每一次都要贏，保存實力，等待有利時機，可能是最佳的選擇。這裡，說明了一個競爭策略就是：「以退為進」。

易經的第三十四卦：大壯卦，在前面談經營理念時，曾討論過它。而本卦亦與競爭策略有關。大壯卦的第六爻，其爻言為：

上六，羝羊觸藩，不能退，不能遂，无攸利，艱則吉。[12]

大壯卦代表大為強盛，而大壯卦的第六爻則表示強盛已到達極點即將轉為衰弱，且上卦為震，第六爻處上卦之極位，因有妄動之象。因此，此爻表示盲目亢進，無奈陰柔體弱，如羊觸藩，不能決之而進，陷入進退兩難境地。幸好，它下應九三，若知艱難而自守，以待強援，則可獲吉。[13]

---

11 王志宏著，《永遠的五星上將：麥克阿瑟》，(台北：咖啡田文化館，2005年)，頁 70-89。
12 郭建勳注譯，前引書，頁 272。
13 同前註。

此爻說明了一個競爭策略，就是「勿盲目亢進，以待強援」。

易經的第四十五卦：萃卦則蘊涵了另一個競爭策略：「戰備整備，以防不測」。

萃卦的卦形為：「 ䷬ 」，下卦為坤，上卦為兌，詞義為聚集、會聚。

萃卦卦辭的〈象傳〉說道：

〈象〉曰：澤上於地，萃；君子以除戒器，戒不虞。[14]

萃卦下坤為地，上兌為澤，猶澤上於地。澤會聚於大地之上，猶人之相聚集，人久聚而易生亂，〈象傳〉乃引申出君子當整修兵器以備不測的義理。[15]

居安思危，多一分準備，少一分損失。萃卦要我們提高警覺，整修武器，以備不測。

二〇〇一年的春天，一個似乎與失敗絕緣的季節，美國思科公司猛然遭受了驚人的重挫；之所以說驚人，不僅僅是因為其速度之快，數字之大（它的股票一年內跌了88%），而且因為它不是一般的公司，它是一向被人們認為前途無量的思科。

當已經有跡象表明大事不好的時候，思科的管理者們還沉醉在「成長」假想之中。公司的客戶開始倒閉，供應商們也在發出警告：需求可能會萎縮，競爭對手紛紛落馬，甚至連華爾

---

14 郭建勳注譯，前引書，頁350。
15 同前註。

街都在懷疑網路設備市場是否已經急轉直下。而此時思科在想什麼？「對於整個行業以及思科的未來，我從來沒有什麼時候比現在更加樂觀。」這是二〇〇〇年十二月思科的執行長約翰‧錢伯斯的談話，當時他還在預測第二年公司的業績又會有 50% 的成長。

二〇〇一年四月，鐵的事實就來了：一落千丈的業績迫使公司吞下兩百五十億美元的閒置庫存，並且裁員八千五百人。[16]

前面談經營策略時，曾提及中孚卦，而中孚卦與競爭策略也有關係：

中孚卦的第三爻，其爻言為：

六三，得敵，或鼓或罷，或泣或歌。[17]

此爻陰柔失正，雖與上九有應，而為六四所阻，故言「得敵」；因其失正不誠而躁動，故面對勁敵，或擊鼓前進，或泣或歌，舉止失措。此爻說明若心不貞正誠信，必自樹其敵而不知所措。因此，此爻所蘊涵的競爭策略為：「貞正誠信，以免樹敵」。

西元二一七年，當時的羅馬皇帝安東尼諾非常兇暴殘忍，他殺人無數，後來竟屠殺了羅馬的大部份居民和亞歷山大城的全部居民——這使他成為全世界最可恨的人。

---

16 殷涵著，前引書，頁 140。
17 郭建勳注譯，前引書，頁 469。

　　有一天，安東尼諾百般凌辱一位禁衛軍的百人隊長的弟弟之後又殺了他，並且日復一日地恐嚇那位隊長本人，卻又讓他繼續擔任禁衛，結果，這位隊長刺殺了皇帝。[18]

易經的競爭策略小結：

　　（一）勢孤力單切勿貪功躁進。（師卦）

　　（二）量力而為，不可強爭。（同人卦）

　　（三）征伐驕逆。（謙卦）

　　（四）設險以守其國。（坎卦）

　　（五）以退為進。（遯卦）

　　（六）勿盲目亢進，以待強援。（大壯卦）

　　（七）戰備整備，以防不測。（萃卦）

　　（八）貞正誠信，以免樹敵。（中孚卦）

---

18 馬基雅維里原著，前引書，頁 101。

七、易經的規劃思想

在中國古代的典籍中，談論管理功能最多的當屬《韓非子》，《易經》成書的年代較《韓非子》來得早，但也有很多討論管理功能的痕跡。先來看一下有關規劃的部份。

易經中論及規劃思想者計有：訟卦、履卦與小過卦等三卦。前面談創業理念時，曾談到訟卦，訟卦卦辭的〈象傳〉說：

〈象〉曰：天與水違行，訟；君子以作事謀始。[1]

「作事謀始」就是在行事之初，要先考慮周密，做好規劃的工作。在此〈象傳〉中是說：若我們事前考慮清楚，就可避免爭訟。當然規劃的功能除了避免爭訟之外，還有很多，如：提高成功的機率與增進效率等。訟卦卦辭的〈象傳〉提醒我們行事之初，要考慮周密，做好規劃的工作。

易經第十卦：履卦也含有規劃的思想，前面談創業理念時，也曾討論過本卦。履卦的第三爻說道：

---

1 郭建勳注譯，前引書，頁 61。

六三，眇能視，跛能履，履虎尾，咥人，凶。武人為于大君。[2]

「眇」：瞎眼也，瞎眼者如何能視？跛足者如何能行走？此爻為下卦的上爻，以陰居二陽爻之上，失中失正，有暴烈妄行，不自量力之象。進行規劃時，要對自己的實力做客觀的評估，如：在做 SWOT 分析時，對自己的優勢與弱點，要正確、客觀的評估，高估自己的優勢與低估自己的弱點，同樣危險。

易經第六十二卦：小過卦亦蘊涵了規劃的思想。前面談創業理念時，也曾論及小過卦。它的初爻說道：

初六，飛鳥以凶。[3]

此爻陰柔居下，本當柔順收斂，卻因上應九四，而欲如鳥之高飛逆勢而上，大大超過了本身的地位實力，故凶。[4]

本爻與上述之履卦的六三爻有些類似，它也告訴我們做規劃時，不可高估自己的實力，以免帶來凶險。

日本森下株式會社是個可做作為借鏡的一個案例：

一九六〇年，日本森下產業創立。該公司以房地產起家，先在東京投資興建高級住宅，每套住宅的房價為一·五億至三·五億日元，不等。不久，又在靜岡縣興建「下田城」高級住宅，在西伊豆區興建兒童樂園——「大淹樂

---

2 郭建勳注譯，前引書，頁 92。
3 同前註，頁 475。
4 同前註。

園」，在埼玉縣建釣魚中心，……。一副多角經營的巨人
架式。然而，由於投資甚巨，壓在地皮上的資金太多，一
遇到房屋銷售的淡季，加上經濟形勢低迷，公司財務迅速
惡化，最終不得不宣布倒閉，負債額高達七十億日元。[5]

易經的規劃思想小結：

（一）作事謀始。（訟卦）

（二）客觀評估本身實力。（履卦、小過卦）

---

5 殷涵著，前引書，頁337。

八、易經的組織思想

易經第五十二卦：艮卦，蘊涵了組織的思想。

艮卦的的卦形為：「　☶☶　」，上、下卦均為艮，詞義為抑止、停止。

　　艮卦卦辭的〈象傳〉說道：

　　〈象〉曰：兼山，艮；君子以思不出其位。[1]

　　艮卦的上、下卦均為艮，艮為山，故云「兼山」，山屹立靜止，兩山重疊，止義更重。〈象傳〉乃引申出止其慾望、思不出其位。也就是說，所思慮者不超出其職位權限，即不越權也。

　　《韓非子》有記載一個故事：有一天，韓昭侯在宮裡喝醉了，就倒在床上睡著了，一覺醒來，發現身上有蓋著一件外套，韓昭侯就問是誰幫他蓋的？左右說是典冠擔心昭侯著涼，就幫

1　郭建勳注譯，前引書，頁 402。

他蓋上了。昭侯命左右把典冠拖出去斬了，也打了典衣二十大板。[2]

　　典衣怠忽職守，沒有幫昭侯蓋外套，所以，要打二十大板；典冠越權，這是重罪，所以，要斬首示眾。

易經的組織思想小結：

（一）不越權。（艮卦）

2　韓非原著，前引書，頁 52。

九、易經的用人思想

易經的師卦、臨卦、剝卦、井卦與既濟卦等五卦，均蘊涵了用人思想。

先談師卦：師卦是易經的第七卦，在前面談論創業理念、治國策略與競爭策略時，均已提及師卦。

師卦的卦形為：「▤」，下卦為坎，上卦為坤。詞意為兵眾。

師卦的卦辭為：

師，貞，丈人吉，无咎。[1]

此卦辭的意思是：

師卦象徵兵眾，堅守正道，由老謀深算者擔任主將，必獲吉祥，而無禍害。[2]

師卦的第五爻說道：

---

1 郭建勳注譯，前引書，頁 67。
2 同前註。

　　六五，田有禽，利執；言，无咎。長子帥師，弟子輿尸。貞凶。[3]

　　「長子帥師」是委任年長者擔任軍隊的統帥；「弟子輿尸」是若委任年輕無經驗者擔任統帥，則可能會吃敗仗，要用車子將陣亡人員的屍體載回來。

　　六五爻的〈象傳〉說：

　　〈象〉曰：長子帥師，以中行也；弟子輿尸，使不當也。[4]

　　此〈象傳〉是說：「長子帥師」，是因為他的行為適中不偏；「弟子輿尸」則是因為用人不當造成的。

《史記》中記載了一個悲慘的戰役，就是趙王用人不當造成的：

　　戰國時代，秦國派大將白起率兵攻打趙國，趙國派出老將廉頗領軍抗敵。廉頗採用守勢戰略，以疲秦軍。後趙王中秦相應侯的反間計，派趙奢子趙括取代廉頗。趙括的母親——老太君期期以為不可，但趙王不為所動。後來，秦將白起大破趙軍，坑殺趙軍四十萬人，是為「長平之役」。[5]

　　「廉頗老矣！尚能飯否？」老歸老，事後證明廉頗的守勢戰略才是對的，讓秦軍師老兵疲，趙軍以逸待勞，不

3　郭建勳注譯，前引書，頁71。
4　同前註，頁72。
5　司馬遷原著，王利器、張烈等譯注，《史記白起王翦列傳》，(台北：台灣古籍出版社，2005年)，頁430。

是沒有勝算！只可惜，趙王耳根軟，中了應侯的反間計，白白犧牲了四十萬大軍。

師卦的上爻說道：

上六，大君有命，開國成家，小人勿用。[6]

此爻居最上位，既有戰爭結束，班師回朝之象。大君乃天子也，論功行賞，功大者封為諸侯，功小者封為卿大夫，小人則勿用。

師卦上爻的〈象傳〉說道：

〈象〉曰：大君有命，以正功也；小人勿用，必亂邦也。[7]

此〈象傳〉說：為何不要任用小人呢？因為任用小人必定會使國家陷入危亂。

易經的第十九卦：臨卦亦包含了用人思想。

臨卦的卦形為：「　　　」，下卦為兌，上卦為坤。詞義為監臨。

臨卦的第五爻說道：

六五，知臨，大君之宜，吉。[8]

---

6 郭建勳注譯，前引書，頁73。
7 同前註。
8 同前註，頁160。

　　此爻居本卦的尊位，以陰柔處中位，下應九二，有任用剛健大臣作為輔佐，以君臨天下之象。故此爻說明了用人之道：明智擇人，畀以重任。

　　易經的第二十三卦：剝卦亦強調不可任用小人。

　　剝卦的上爻說道：
　　上九，碩果不食，君子得輿，小人剝廬。[9]

　　上爻的〈象傳〉說道：
　　〈象〉曰：君子得輿，民所載也；小人剝廬，終不可用也。[10]
　　「君子得輿」意為：君子居於上位，則如得乘飛馳的車子，能迅速發展。這是什麼原因呢？乃因君子為百姓所愛戴也。「小人剝廬」意為：若小人居於上位，則連房子都會被剝奪了！因此，不能任用小人。

　　易經的第四十八卦：井卦則主張任用賢臣，使君臣同受福澤。
　　前面談經營理念時，曾論及井卦。井卦的第三爻說道：
　　九三，井渫不食，為我心惻，可用汲，王明，並受其福。[11]
　　此爻有賢臣先懷才不遇而後通達之象。

9　郭建勳注譯，前引書，頁 190。
10　同前註，頁 191。
11　同前註，頁 374。

　　易經的第六十三卦：既濟卦亦主張不要任用小人。前面談
創業理念與經營理念時均曾論及既濟卦。它的第三爻說道：

　　九三，高宗伐鬼方，三年克之，小人勿用。[12]

　　此爻言事成之時，元氣大傷，不可任用小人。

易經的用人思想小結：

　　（一）任用老成持重者擔當重任。（師卦）

　　（二）任用年輕無經驗者擔當重任，可能會造成重大傷害。
（師卦）

　　（三）不可任用小人。（師卦）（剝卦）（既濟卦）

　　（四）明智擇人，畀以重任。（臨卦）

　　（五）任用賢臣。（井卦）

---

12 郭建勳注譯，前引書，頁 484。

十、易經的領導統御思想

在一般的管理學中，大多只談「領導」而不談「統御」，但在軍隊以及早期的政府組織則比較多談「統御」而少談「領導」，而在中國古代典籍中，甚至還看不到「領導」這個詞彙。「領導」與「統御」有什麼不同呢？直覺的反應是：「統御」有點不把人當「人」來看，而是當「畜牲」（牛、馬等）來看，一如：「駕御」。現代管理，站在尊重人性的立場，故不談「統御」，只談「領導」。本書因討論的標的是《易經》，它是一本古代的典籍，所以，只好將「領導」與「統御」合併在一起討論。

易經中討論領導統御這議題的地方非常的多。包括乾卦、屯卦、師卦、等共計三十五卦，已超過六十四卦總數的一半。可見，易經對領導統御這個人類社會的現象，觀察的非常廣泛而且深入。

現從乾卦開始，看易經如何討論「領導統御」。
前面談創業理念與經營理念時，均已介紹過乾卦。
乾卦的第七爻（只有乾卦與坤卦有第七爻）說道：

用九，見群龍无首，吉。[1]

「群龍无首」乃大家彼此尊重，不爭居首位。台塑在王永慶先生過世前，即採用「七人決策小組」來決定台塑的大政方針，這種集體領導的模式就是「群龍无首」的實例，但願台塑可以走出一條全新的路。

易經第三卦：屯卦亦含有領導統御的思想。

屯卦初爻的〈象傳〉說道：

〈象〉曰：雖磐桓，志行正也；以貴下賤，大得民也。[2]

屯卦的初爻為陽爻，位居六二（陰爻）之下，故曰：「以貴下賤」，即能以尊貴的身份而居於低下之位，如此，必能大得民心。

如企業主的第二代由基層做起，雖貴為「少主」，但仍對老臣謙恭有禮。

屯卦的第四爻則說明「禮賢下士」可得吉祥：

六四，乘馬班如，求婚媾；往吉，无不利。[3]

此爻以陰居上卦之初，初九以陽居下卦之初，兩爻相應，如男女之相匹配。六四以上求下，象徵禮賢下士，如此，可得吉祥。[4]

1　郭建勳注譯，前引書，頁6。
2　同前註，頁38。
3　同前註，頁41。

易經第七卦：師卦亦含有領導統御的思想。

師卦卦辭的〈彖傳〉說道：

〈彖〉曰：師，眾也；貞，正也。能以眾正，可以王矣。
剛中而應，行險而順，以此毒天下，而民從之，吉又何咎矣![5]

「能以眾正」意為能夠率領兵眾走上正道，如此，就可稱
王於天下了。

許多領導者放任手下兵士胡作非為，雖然，打了勝仗，卻
贏不了民心，結果，還是沒能成為天下共主。

師卦的第二爻亦期勉主將要「持中不偏」，如此，才不會
有禍害：

九二，在師，中吉，无咎，王三錫命。[6]

本爻為師卦的唯一陽爻，且居下卦之中，又與六五爻有應，
為主將之象。此爻象徵主將統帥兵眾，持中不偏，則無禍害。
且君王多次賜予重任。

師卦的初爻則強調軍紀的重要性：

初六，師出以律，否臧凶。

此爻為師卦之始，象徵兵眾初出，故特別強調軍紀，必須
嚴明軍紀，若紀律不良，將招致凶險。

---

4 郭建勳注譯，前引書，頁41。
5 同前註，頁67。
6 同前註，頁69。

易經的第十八卦：比卦亦含有領導統御的思想。比卦的第五爻說道：

九五，顯比，王用三驅，失前禽，邑人不誡，吉。[7]

「三驅」指打獵時，用三面包夾的方式，也就是：「網開一面」，讓野獸可以由前方逃離。比喻願意來親比者則接受之，不願親比者則任其離去，不加強制。此正體現了順其自然、光明無私的親比之道。[8]

一個發生在松下企業的故事，顯現出松下幸之助的領導統御之道：

中尾哲二郎事件

中尾哲二郎畢業於工業專科學校夜間部，喜歡做複雜技術的工作。松下對中尾的人品與才能極為欣賞。有一天，中尾跟松下說，他的少東家打算重新開業，要他回去幫忙。松下雖然捨不得放中尾走，但中尾是為報主人的舊恩，這是一種極為高尚的行為，值得為他慶賀才對。因此，松下非但沒有挽留，反而為中尾開了盛大的歡送會。

中尾在少東家的工廠雖然十分賣力，可是，工廠並沒有好轉的跡象，而且，中尾一身的技術也無從發揮。這時，

---

7 郭建勳注譯，前引書，頁79。
8 同前註，頁79。

松下電器東京聯絡處主任宮本先生想出了一個一石三鳥的計策，就是把分散在大阪採購的鐵器零配件，全部包給中尾少東家的工廠做。如此，中尾少東家的工廠有穩定的訂單，工廠就會逐漸步入正軌，少東家能經營好這家工廠，就可請中尾君回松下企業，如此，則可皆大歡喜。松下聽了宮本的建議，與中尾及中尾的少東家協商後，問題就圓滿解決了。中尾回到松下企業，擔任電熱部產品開發和生產的負責人，後來，晉升到松下電器的副總裁。[9]

松下用「三驅」策略，不會強留員工，讓人衷心悅服，真不愧是「經營之神」。

易經的第九卦：小畜卦亦包含領導統御之思想。

小畜卦的的卦形為：「　　　　」，下卦為乾，上卦為巽。詞義為畜養、蓄聚。

　小畜卦的第五爻說道：

　九五，有孚攣如，富以其鄰。[10]

　「有孚」指對六四的畜養報以誠信，此爻為君位，得中得正，有高居於上而俯受六四輔助、畜養之象。君主應當對下報以誠信，並同享富貴。

9　王志剛著，《企業經營之神　松下幸之助傳奇》，(台北：詠春圖書文化公司，2002年)，頁132-140。

10　郭建勳注譯，前引書，頁86。

　　前面談創業理念時曾論及履卦,而履卦亦包含領導統御的思想:

　　履卦卦辭的〈彖傳〉說道:

　　〈彖〉曰:履,柔履剛也;說而應乎乾,是以履虎尾,不咥人,亨。剛中正,履帝位而不疚,光明也。[11]

　　「剛中正」指本卦的第五爻為陽爻即陽剛也,得中得正,因此,即使踐履天子之位也不必內心感到慚愧,因為他具有廣博昭明的德行。[12]

　　履卦卦辭的〈象傳〉說道:

　　〈象〉曰:上天下澤,履;君子以辯上下,定民志。[13]

　　履卦下卦為兌,上卦為乾;下兌為澤,上乾為天,故為「上天下澤」之象。天在上,澤在下,合於上下尊卑自然之理,所以,〈象傳〉引申為人的行為應當遵循準則禮儀。也就是說要辨別尊卑上下,以安定百姓的心志,不要有非份之想,此即商鞅所說的:「定分」也。[14]

　　履卦的第五爻說明以果決貞正的態度行事,可免危厲:

11　郭建勳注譯,前引書,頁89。
12　同前註,頁90。
13　同前註。
14　商鞅原著,前引書,頁211。

九五，夬履，貞厲。[15]

此爻以剛居於尊位，得中得正，故可大膽果決地行事；然九五以剛居陽位，有剛烈自負之象，爻辭乃戒其守持貞正，不可剛愎自用。[16] 因此，領導者雖高高在上，但仍要遵循正道，若剛愎自用，很容易造成部屬的不滿而招致殺身之禍。

前面談經營策略時曾論及泰卦，它也含有領導統御的思想。泰卦卦辭的〈象傳〉說道：

〈象〉曰：天地交，泰；后以財成天地之道，輔相天地之宜，以左右民。[17]

泰卦下卦為乾，上卦為坤。乾為天，坤為地，天之氣向上，地之氣向下，正好相交合，所以〈象傳〉說：「天地交」。天地互相應合，因此，可致通泰。君主要效法泰卦之精神，與人民相應合，如此，來治理人民，當可國泰民安。[18] 在此，說明了領導統御的一個原則，就是：「上下交融應合」。

泰卦的第二爻說道：

九二，包荒，用馮河；不遐遺，朋亡，得尚於中行。[19]

---

15 郭建勳注譯，前引書，頁 94。
16 同前註。
17 同前註，頁 97。
18 同前註。
19 同前註，頁 97。

　　「包荒」是指包容極遠大，意為胸懷廣大。此爻的意思是胸懷廣大，可跨越險阻；不遺棄遠方的人，不結黨偏私，能重視行為的中庸之道。[20] 此爻說明：領導者要「胸懷廣大，守持中道」。

　　泰卦的第五爻說道：

　　六五，帝乙歸妹，以祉元吉。[21]

　　此爻居尊位，乃以古代帝王之女出嫁，比喻六五下應九二，兩爻陰陽相應，上下交通，為通泰至美之象。[22]

　　此爻說明了一個領導統御的原則，就是：「以上求下」。

　　歷史上，秦孝公、曹操均曾下令求賢，希望藉由賢臣開創新局。秦孝公求得商鞅，商鞅被任命為左庶長後著手進行變法，執政二十一年，奠定了秦國完成統一大業的良好基礎。

　　前面談競爭策略時，曾論及同人卦，而本卦亦含有領導統御之思想。

　　同人卦卦辭的〈彖傳〉說道：

　　〈彖〉曰：同人，柔得位得中而應乎乾，曰同人。同人曰：同人于野，亨，利涉大川。乾行也。文明以健，中正而應，君子正也。唯君子為能通天下之志。[23]

---

20 郭建勳注譯，前引書，頁 97。
21 同前註，頁 102。
22 同前註。

　　「唯君子為能通天下之志」，做為一位領導者，必須讓大家有共同的目標、共同的想法與共同的信念。如此，才能眾志成城，圓滿完成使命與任務。

　　同仁卦卦辭的〈象傳〉說道：
　　〈象〉曰：天與火，同人；君子以類族辨物。[24]

　　同仁卦下卦為離，上卦為乾。下離為火，上乾為天。火性炎向上，天之氣亦向上，火之性與天之性相同，以此象徵和同於人。君子應當效此而團結同類、辨別事物以求可和同者。[25]

　　此〈象傳〉說明領導者要挑選同理念、人格特質相同的員工，形成物以類聚，再團結全體員工，如此，就能展現出巨大的能量。因此，此〈象傳〉所闡述的領導統御原則為：「團結一致」。

易經中第十四卦：大有卦，論及領導統御的思想。

大有卦的卦形為：「」，下卦為乾，上卦為離，詞義為大獲所有。

23　郭建勳注譯，前引書，頁112。
24　同前註，頁113。
25　同前註。

大有卦的第五爻說道：

六五，厥孚交如，威如，吉。[26]

此爻言的意思為：以誠信與別人交往，並樹立起自己的威嚴，如此，可得到吉祥。[27]

此爻以陰柔居君位，柔順謙虛，居中不偏，以誠信與別人交往，並樹立起自己的威嚴，如此，可得到部屬的尊敬與愛戴，並可得到吉祥。

前面談競爭策略時，曾論及謙卦，它也蘊涵了領導統御的思想。

謙卦第三爻的〈象傳〉說道：

〈象〉曰：勞謙君子，萬民服也。[28]

此爻乃本卦唯一的陽爻，居下卦之上位，剛毅強健而有應於上六爻，猶勤勞而又謙虛。本〈象傳〉乃引申出勤勞而又謙虛的君子，會受到百姓的景仰與服從。[29] 在此，說明了一個領導統御的原則：領導者要勤勞且謙虛，才能得到眾人的景仰與服從。

---

26 郭建勳注譯，前引書，頁 124。
27 同前註。
28 同前註，頁 130。
29 同前註。

易經第十七卦：隨卦，含有領導統御的思想。

隨卦的卦形為：「　　　　」，下卦為震，上卦為兌，詞義為隨從、隨順、隨和。

　　隨卦的第五爻說道：

　　九五，孚于嘉，吉。[30]

　　「孚于嘉」乃被眾多美善之人所信任。此爻陽剛得中得正，處於君位而與六二爻有應，乃有天下景仰、萬民追隨之象。[31]

　　此爻說明了一個領導統御的原則：領導者要謹守中道以獲取眾多美善之人的信任。

　　隨卦的上爻說道：

　　上六，拘係之，乃從維之。王用亨於西山。[32]

　　此爻居隨卦的極位，隨順之道窮，故有不願隨順者，乃強制拘禁之。

　　領導者若要走到這一步，豈不悲哀。不過，世事循環，總是緣起緣滅，可用平常心看待。

30　郭建勳注譯，前引書，頁 146。
31　同前註。
32　同前註，頁 147。

易經的第十九卦：臨卦亦含有領導統御之思想。臨卦卦辭的〈象傳〉說道：

〈象〉曰：澤上有地，臨；君子以教思无窮，容保民无疆。[33]

「澤上有地」，指臨卦下兌為澤，上坤為地，澤在下地在上，故稱「澤上有地」。而澤卑地高，有高下相鄰之象。此〈象傳〉乃引申出君主要不斷地考慮如何教化百姓，永遠包容、保護百姓的義理。

此〈象傳〉說明了一個領導統御的原則就是：「視民如子」，要教育他、保護他、更要包容他。

臨卦的初爻強調以陽剛純正的感召力來施行監臨：

初九，咸臨，貞吉。[34]

此爻居於初位，地位卑下，但它以陽爻居陽位，有陽剛純正之德，且與六四相互呼應，故雖處卑位而能以其剛健人格的感召力使六四服從。[35]

這裡說明了一個領導統御的原則即：「以人格感召部屬」。

臨卦的第三爻說道：

六三，甘臨，无攸利。既憂之，无咎。[36]

---

33 郭建勳注譯，前引書，頁156。
34 同前註，頁157。
35 同前註。

「甘臨」，指以甜言蜜語來監臨他人。此爻居下卦的上位，有臨人之象；然其過於柔弱，不中不正，又為下兌的主爻，兌者，悅也。故此爻臨人，不由中正之道，而欲以甜言蜜語來取悅別人，故無所利。假如已經有所瞭解而對此憂慮，就沒有禍害。[37]

此爻所隱含的領導統御原則為：勿用甜言蜜語來監臨部屬。

臨卦的第四爻說道：

六四，至臨，无咎。[38]

此爻居上卦之下位，陰柔得正，與下卦緊密相鄰，有親近眾人之象。「至臨」就是極為親密的監臨於人，如此，必無禍害。[39]

因此，本爻所揭示的領導統御原則為：領導者要與部屬建立親密的關係（搏感情）。

臨卦的第五爻說道：

六五，知臨，大君之宜，吉。[40]

前面談用人思想時，也有論及此爻。

此爻居本卦的尊位，以柔處中，下應九二，有任用剛健大臣作為輔佐，以君臨天下之象，此為治理國家的明智之術。[41]

---

36 郭建勳注譯，前引書，頁158。
37 同前註，頁159。
38 同前註，頁159。
39 同前註。
40 同前註，頁160。

　　因此，本爻所顯示的領導統御原則為：「明智地選用賢臣，以為輔佐。」

　　《韓非子》中講述了一個故事：

　　晉國的訪客來到齊國，負責接待的官員請示齊桓公要如何處理，桓公就說：「去問仲父（管仲）」，連續三次，桓公都說：「去問仲父」，桓公身邊的僕人，就笑桓公說：「當國君很簡單嘛！只要說：『去問仲父』就好了！」桓公回答說：「當君王的人要很辛苦地去找尋有才能的人，找到以後，就可輕鬆地把事情交給他辦了。」[42]

　　桓公本身並沒有什麼治國的能力，但管仲有這個能力，只要委以重任，管仲就可以把國家治理好，桓公也就樂得清閒了。只怕沒有識人之明，結局就很悲慘了。管仲死後，桓公被豎刁、易牙等小人包圍、蒙蔽，齊國一蹶不振，甚至，桓公死後，豎刁等人為了爭權，密不發喪，桓公屍體腐爛、長蛆，蛆都爬到戶外，真是可悲。[43]

　　臨卦的第六爻說道：

　　上六，敦臨，吉，无咎。[44]

---

41 郭建勳注譯，前引書，頁 160。
42 韓非原著，前引書，頁 572。
43 同前註，頁 574。
44 郭建勳注譯，前引書，頁 161。

此爻居臨卦的極位，其道將窮，然上六柔順，德敦厚，臨人有道，故能免禍獲吉。[45]

此爻顯示，領導者要以「敦厚」來善待部屬。不要壓榨部屬、剝削部屬，「血汗工廠」就讓它走進歷史吧！

易經中的第二十卦：觀卦除了談論經營策略外，也論及領導統御。

觀卦的第五爻說道：

九五，觀我生，君子无咎。[46]

此爻以陽剛居中而德正，猶賢君省察自己的行為，培養美德，作為天下臣民的榜樣。[47]

此爻說明了一個領導統御原則就是：「自我省察，以身作則」。

《韓非子》書中，提到一個故事，就是獵人到樹林裡去打鳥，兩隻眼去看哪裡有小鳥？這時，樹上有好幾百隻小鳥，都瞪大雙眼，看獵人在做什麼？韓非以獵人比喻君王，小鳥比喻

---

45 郭建勳注譯，前引書，頁161。
46 同前註，頁167。
47 同前註，頁168。

百姓，君王的一舉一動，百姓可都看在眼裡，君王對自己的行
為舉止，可不慎乎？[48]

　　前面談經營理念與經營策略時，均曾論及噬嗑卦，它也含
有領導統御的思想。噬嗑卦卦辭的〈象傳〉說道：

　　〈象〉曰：雷電，噬嗑；先王以明罰勑法。[49]
　　噬嗑卦下卦為震，上卦為離，下震為雷，上離為火為電，
故〈象傳〉曰：「雷電」。雷動而威，電閃而明，用刑之
道，亦須以法明示天下，並以權威行之。故〈象傳〉由雷電相
合而引申出明罰勑法的義理。[50]

　　春秋時代，兵家孫武來到吳國，吳王闔廬對孫子說
道：「聽說先生治軍能力很強，不知可否訓練宮中的宮
女？」孫武回答說：「沒問題！」吳王就將宮中的宮女們
共一百八十位分為兩隊，並指派了兩位他心愛的妃子為隊
長，就把二隊宮女交給孫子。孫子就向宮女們詳細解說訓
練的項目及動作，然後，開始操練。宮女們從來沒有受過
軍訓，笑成一團。孫子又再度講解一次，講解完畢，再開
始操練，宮女們還是笑成一團。孫子說道：「假如，大家
不了解命令，那是我的錯，假如，大家了解命令，而不能

---

48 韓非原著，前引書，頁493。
49 郭建勳注譯，前引書，頁171。
50 同前註。

執行命令，就是大家的錯。」孫子命左右將兩位隊長推出
去斬首示眾。吳王一聽孫子要斬他的兩位愛妃，急忙向孫
子求情，說道：「我知道先生的治軍能力了，請您饒了這
兩位隊長吧！」孫子不為所動，殺了兩位隊長。又另外指
派了兩位宮女擔任隊長。接著，第三度進行操練，只見宮
女們一個口令、一個動作，精神抖擻，整齊劃一，讓吳王
大開眼界。[51]

　　這說明了一個領導統御的原則就是：「以法明示天下，並
以權威行之。」

　　前面談經營理念時，曾論及復卦，它亦含有領導統御的理
念。
　　復卦的第二爻說道：
　　六二，休復，吉。[52]
　　「休」乃美的意思，「休復」表向美善回復。如此，可獲
吉祥。[53]

　　此爻得位居中，親比於初九陽剛，就像親仁下賢，趨向美
善，故得吉祥。

51 司馬遷原著，王利器、張烈等譯注，《史記・孫子吳起列傳》，〈台北：台
　　灣古籍出版公司，2005〉，頁 67。
52 郭建勳注譯，前引書，頁 195。
53 同前註。

　　此爻說明了一個領導統御的原則就是：「親仁下賢」。

　　易經的第二十五卦：无妄卦，亦含有領導統御的思想。

　　无妄卦的卦形為：「▤」，下卦為震，上卦為乾。詞義為：不妄為、不妄想、不虛妄。

　　无妄卦卦辭的〈象傳〉說道：

　　〈象〉曰：天下雷行，物與无妄；先王以茂對時，育萬物。[54]

　　无妄卦下震為雷，上乾為天，猶雷行天下。雷行天下，萬物震懾而不敢妄動，〈象傳〉以此引申出先代君王效此而用強大的權威配合天時，以養育萬物。[55]

　　本〈象傳〉說明了一個領導統御的原則就是：「運用權威，伺機而動。」

　　《韓非子》記載了一個「三年不鳴，一鳴驚人」的故事：

　　春秋時代，楚莊王即位後，行事低調，甚至可以說毫無作為。三年後，開始進行大刀闊斧的改革：廢止了十項政策，新增了九項，誅殺了五位大臣，擢舉了六位平民，

---

54 郭建勳注譯，前引書，頁201。
55 同前註。

於是，國家大治。接著，他舉兵伐齊，在徐州大敗齊軍，又勝晉於河雍，會盟諸侯於宋，遂稱霸天下。[56]

易經第二十七卦：頤卦，亦含有領導統御的思想。

頤卦的卦形為：「　」，下卦為震，上卦為艮。詞義為口腮，引申為頤養。

　　頤卦卦辭的〈象傳〉說道：

　　〈象〉曰：山下有雷，頤；君子以慎言語，節飲食。[57]

　　頤卦下震為雷，上艮為山，猶山下有雷。雷動於下，山止於上，下動上止，為口嚼食之象，〈象傳〉由此引申出慎言語以養德，節飲食以養身的義理。[58]

　　領導者要謹言慎行，以免遭到部屬的藐視與厭惡，因為，假如引發部屬的不滿，將會帶來殺身之禍。

　　羅馬皇帝安東尼諾是一個非常兇暴殘忍的人，他殺人無數，後來竟屠殺了羅馬的大部份居民和亞歷山大城的全部居民。這使他成為全世界最可恨的人。有一天，安東尼諾百般凌辱一位部屬，接著又殺了他。造成這位部屬的哥哥十分的不滿，

56　韓非原著，前引書，頁 227。
57　郭建勳注譯，前引書，頁 215。
58　同前註。

他是禁衛軍的百人隊長，皇帝日復一日的恐嚇這位隊長，這位身為皇帝禁衛軍的隊長忍無可忍，有一天，乘機殺死了皇帝。[59]

　　這裡說明了一個領導統御的原則就是：「謹言慎行，以免遭到部屬的蔑視與厭惡。」

　　前面談經管理念與經營策略時均曾論及離卦，它亦含有領導統御的思想。

　　離卦的上爻說道：

　　上九，王用出征，有嘉折首，攫匪其醜，无咎。[60]

　　此爻以陽剛居離卦的最上位，為眾人所親附者，此時，若有不願親附的人，可派兵征討，低頭認錯者，給予嘉獎；堅持叛逆者，則俘攫予以懲罰。[61]

　　此爻說明了一個領導統御的原則就是：「黨同伐異」。

　　前面談經營策略時有談到咸卦，它亦含有領導統御的思想。

　　咸卦的第五爻說道：

　　九五，咸其脢，无悔。[62]

59　馬基亞維里原著，閻克文譯，《君主論》,〈台北：商務印書館，1998〉,頁 110-102。

60　郭建勳注譯，前引書，頁 243。

61　同前註。

62　同前註，頁 250。

「脢」乃背肉，其位置在心的反面，反應遲鈍，不敏感，此爻陽剛居尊位，與六二有應，卻不能交感而使心相通，故僅得无悔而已。[63]

此爻乃警惕領導者要隨時注意部屬的狀況，以同理心來回應部屬，不要麻木不仁。只是此爻陽剛，較難與部屬交互感應。軍中輔導長的角色似可互補主官的陽剛之氣。

咸卦的上爻說道：

上六，咸其輔頰舌。[64]

「輔頰舌」即顎、頰、舌等說話的器官。此指口頭語言。此爻以陰處咸卦的極位，交感之道將轉弱，故其感應缺乏誠意，只在口頭而已。[65]

領導統御的原則強調「帶人帶心」，絕不是口頭說說而已，領導者要引以為戒。

易經第三十五卦：晉卦，亦含有領導統御的思想。

63　郭建勳注譯，前引書，頁 250。
64　同前註，頁 251。
65　同前註。

晉卦的卦形為：「　≡≡　」，下卦為坤，上卦為離，詞義為進長、晉升。

晉卦的第五爻說道：

六五，悔亡，失得勿恤，往吉，无不利。[66]

此爻陰居陽位，失正而有悔，但陰處君位而守中道，具明主之德（離為明），在下者依附，故无悔；又居尊而任用下屬，廣開進長之道，不計一己得失，故吉而无不利。[67]

此爻說明領導者要守中道而進用賢能之士，不計一己得失。

前面談治國理念時，曾論及明夷卦，它也包含領導統御的思想。

明夷卦卦辭的〈象傳〉說道：

〈象〉曰：明入地中，明夷；君子以蒞眾，用晦而明。[68]

明夷卦下卦為離，上卦為坤。下離為日，上坤為地，日在下，地在上，表示日落西山，象徵光明殞傷。君子治理眾人，當藏其明智，以免過察而傷眾，這正是容物和眾的寬容態度。[69]

但是，會不會變成姑息養奸呢？還是唐代碩儒孔穎達說得好，他對唐太宗說：「以〈蒙〉養正，以〈明夷〉蒞眾。」[70]　這

<hr />

66　郭建勳注譯，前引書，頁 279。
67　同前註。
68　同前註，頁 282。
69　同前註。
70　吳兢原著，許道勳注譯，《新譯貞觀政要》，〈台北：三民書局，2000 年〉，頁 356。

句話的意思是說：用啟蒙的耐性來培養部屬正當的行為，以用晦而明的態度來治理眾人。也就是說在培養正當行為的過程中，容許下屬犯錯，要耐心的引導他步入正途。

易經第三十九卦：蹇卦，亦含有領導統御的思想。

蹇卦的卦形為：「 ☵☶ 」，下卦為艮，上卦為坎。詞義為行走艱難。此卦下艮為止，上坎為險，遇險而止，足不能進，行之難也。蹇卦的第五爻說道：

　　九五，大蹇，朋來。[71]

　　此爻居上坎之中，故言大蹇；因其陽剛中正，高居尊位，下應六二，固有執道中正、堅韌剛強、深得人心的大人之象。[72]

　　故此爻勉勵領導者雖身處險難，仍需中正堅韌，如此，則可得到部屬與他人的協助。

　　前面談經營理念時，曾論及損卦，它亦含有領導統御之思想。損卦的第五爻說道：

　　六五，或益之十朋之龜，弗克違，元吉。[73]

　　此爻以陰柔居上卦之中，處君位，下應九二，有虛中自損，大受下民奉獻增益之象。[74]

---

71 郭建勳注譯，前引書，頁 309。
72 同前註。
73 同前註，頁 323。
74 同前註，頁 324。

　　此爻說領導者當虛中自損，部屬自會努力工作，以為回報。

　　西元一九九五年，美國麻薩諸塞州的摩登坊（Malden Mills）化纖廠發生火災，大火將整座工廠夷為平地。工廠老闆艾倫‧佛斯坦做了一個讓人跌破眼鏡並從此為人津津樂道的創舉：他宣佈，要在原址重建工廠，另外，他還承諾，在重建期間的六個月中，所有員工都可繼續領薪水。為了支付這筆高達三千萬美元「停職留薪」的薪水，加上重建的龐大開銷，佛斯坦將火災理賠的三億美金全拿出來還不夠用，還得向銀行貸款一億美金。[75]

　　本來，佛斯坦可以拿著三億美金的理賠金走人，但身為企業主的第三代，他有著傳承事業與照顧員工的使命感，他承擔起所有的責任。

　　回想日前勞委會召開薪資審議委員會，決議將基本薪資調高 3.48%，與會的資方代表竟然強烈抗議，看看佛斯坦，這些資方代表不知是否會汗顏？

　　損卦的上爻說道：
　　上九，弗損益之，无咎，貞吉，利有攸往，得臣无家。[76]
　　此爻居損卦的最上位，損道至極點將轉為益，且此爻陽剛充實，受下之益頗多，故能弗損而施益於下，大獲臣民之心。[77]

---

75 中國時報，2010 年 10 月 9 日，A21 版。
76 郭建勳注譯，前引書，頁 324。
77 同前註。

　　前面談經營理念時，曾論及夬卦，它亦包含領導統御的思想。

　　夬卦的卦辭說道：

　　夬，揚于王庭，孚號有厲，告自邑，不利即戎。利有攸往。
[78]

　　夬卦下卦為乾，上卦為兌，辭義為決斷。

　　此卦卦形五陽在下而一陰在上，猶五陽共同決斷除去一陰。此時，應當在王庭之上公布小人的罪行，然後誠信地告誡決斷除去小人時會有危險存在，並且通告全城邑，立即出兵討伐恐有不利。利於有所行動。[79]

　　此爻說明在開革員工時，要公布其罪狀，沉穩地採取適當的步驟，不要倉促行事。

　　夬卦的第三爻說道：

　　九三，壯於頄，有凶。君子夬夬，獨行遇雨，若濡有慍，无咎。[80]

　　「頄」顴骨也；「壯于頄」乃怒氣形於色也。如此，將會遭到凶險。

78　郭建勳注譯，前引書，頁333。
79　同前註。
80　同前註，頁337。

韓非談「術」，也是強調領導者要隱藏自己的喜怒愛憎，不要輕易表露出來，以免部屬諂媚附和。[81]

「夬夬」乃果決之狀，「君子夬夬」乃君子顯現出果決之狀。他單獨前往，遇到下雨，就像被雨淋濕，受人懷疑，而感到憤怒，但最後必無禍害。[82]

此爻之後段乃說明領導者在處罰時要果決行事，才不會造成禍害。

易經的第四十四卦：姤卦亦含有領導統御的思想。

姤卦的卦形為：「 」，下卦為巽，上卦為乾。詞義為遇合。

姤卦卦辭的〈象傳〉說道：

〈象〉曰：天下有風，姤；后以施命誥四方。[83]

姤卦下巽為風，上乾為天，猶天下有風。風吹於天下，無所不遇，〈象傳〉由此而引申出君王告命四方，以使上下相遇而溝通的義理。[84]

---

81 韓非原著，前引書，頁 32。

82 郭建勳注譯，前引書，頁 337。

83 同前註，頁 342。

　　此〈象傳〉說明了一個領導統御的原則就是：「明訂法令且通告周知」。

　　姤卦的第四爻說道：

　　九四，包无魚，起凶。[85]

　　此爻本與初六有應，但初六已違之而承九二，此爻陽剛居陰位，失正，有性烈而與九二興起爭執之象，如此必致凶險。

　　第四爻的〈象傳〉說道：

　　〈象〉曰：无魚之凶，遠民也。[86]

　　「遠民」，遠離下民也。初六為陰，陰為民，九四在上卦，中有九二、九三相隔，故曰：「遠民」。

　　此〈象傳〉的意思為：失去了本應相遇者，就好像廚房中失去了一條魚，若因之與他人起爭執而造成凶險。其原因為：遠離下民也。[87]

　　此〈象傳〉說明了一個領導統御的原則就是：「親民愛民」。

　　前面談競爭策略時曾論及萃卦，它亦含有領導統御的思想。

84　郭建勳注譯，前引書，頁342。
85　同前註，頁345。
86　前註，頁346。
87　同前註。

萃卦的卦辭說道：

萃，亨，王假有廟。利見大人，亨，利貞，用大牲吉，利有攸往。[88]

此卦辭的意思為：

萃卦象徵會聚，可得到亨通。君王大興宗廟並舉行盛大的祭典以示聚民的誠心。此時拜見大人必將有利，可得到亨通，守持貞正將有利。用豐厚的祭品進行祭祀，可獲吉祥，此時有所前往亦將有利。[89]

此卦辭說明了一個領導統御的原則就是：以誠信貞正會聚眾人，可得亨通。

萃卦的第四爻說道：

九四，大吉，无咎。[90]

此爻陽居陰位，本有咎。但有謙下之德，下應初六並兼及下卦另二陰爻，有廣聚下民之象，故大吉而无咎。[91]

此爻說明了一個領導統御的原則就是：謙虛對待部屬而廣聚下民。

---

88 郭建勳注譯，前引書，頁 348。
89 同前註，頁 349。
90 同前註，頁 353。
91 同前註。

萃卦的第五爻說道：

九五，萃有位，无咎。匪孚，元永貞，悔亡。[92]

此爻居於尊位，故言「有位」，陽剛中正，下應六二，乃得无咎；然與下卦三陰爻因有九四相隔，尚不能通其誠信而會聚，故言「匪孚」；然此時當長守貞正，則必能上下會聚，而使「匪孚」之悔消失。[93]

此爻說明了一個領導統御的原則就是：長守貞正，則可與部屬誠信相通，並會聚在一起。

萃卦的上爻說道：

上六，齎咨涕洟，无咎。[94]

「齎咨」是嗟歎聲，「洟」是鼻涕。此爻是說：匯聚無人以致悲傷。此爻居萃卦之終，與下無應，有求聚無人之象，故嗟歎流淚，悲傷不已。[95]

此爻的〈象傳〉說道：

〈象〉曰：齎咨涕洟，未安上也。[96]

---

92 郭建勳注譯，前引書，頁353。
93 同前註。
94 同前註。
95 同前註，頁355。
96 同前註。

「安上」是安心居於上位。此爻居於萃聚之道窮極轉衰時，會聚無人本屬正常，因其不安居此窮上之位，才有嗟歎流淚之悲。[97]

此爻說明群眾聚散有其循環，曲終人散時，也要看開一點。只是，就像某產品進入衰退期，是否還有可以再努力的地方，而不要只是悲傷哭泣而已。例如：提出新的願景，採行新的策略，讓大家重新喚起熱情與希望，再次團結起來，努力奮鬥。

前面談創業理念時，曾論及升卦，它亦含有領導統御的思想。

升卦的第五爻說道：

六五，貞吉，升階。[98]

此爻陰柔居中，處尊位，下應九二，有不自專權，任用賢能之象，故其上升，必如沿階而上，步步順暢。[99]

此爻說明了一個領導統御的原則就是：任用賢能，不自專權。

易經的第五十卦：鼎卦，亦含有領導統御的思想。

---

97 郭建勳注譯，前引書，頁 355。
98 同前註，頁 361。
99 同前註。

鼎卦的卦形為：「　　　　」，下卦為巽，上卦為離，詞義有二：一為烹飪的器具，一為權力與法治的象徵。

鼎卦卦辭的〈象傳〉說道：

〈象〉曰：木上有火，鼎；君子以正位凝命。[100]

鼎卦下巽為木，上離為火，故〈象傳〉說：「木下有火」。木上燃燒著火，這就是用鼎烹飪食物的象徵。君子當效法鼎器四平八穩的形象，端正其所居之位，嚴守使命。[101]

領導者要坐得正、行得穩，掌握組織的使命與方向。當代管理大師彼得·杜拉克在他的大作：《使命與領導：向非營利組織學習管理之道》中，強調領導者要致力於組織目標的完成，他認為：領導的關鍵不在於領袖魅力，而是使命。因此，領導者首先要為所屬的組織制定使命。[102]

易經的第五十一卦：震卦，亦含有領導統御的思想。

震卦的卦形為：「　　　　」，下卦為震，上卦亦為震。詞義為震動。

100　郭建勳注譯，前引書，頁387。
101　同前註。
102　彼得·杜拉克原著，余佩珊譯，《使命與領導：向非營利組織學習管理之道》(台北：遠流出版社，2004年)，頁44。

震卦的卦辭為：

震亨，震來虩虩，笑言啞啞，震驚百里，不喪匕鬯。[103]

震卦上下卦皆為震，震為雷，雷聲震動，故言震。「虩虩」亦為恐懼之狀，「震來虩虩」表示打雷時，萬民恐懼。雷震之威猶法令之嚴，使萬民恐懼，慎行守法而得福。亦能使天下諸侯震驚從命而長保國家社稷。[104]

在專制時代，帝王以威權統治，讓人民守法守紀，不敢造次。直到今天，還是有很多企業主採用此種模式，嚴格管理員工，尤其是在工廠裡，軍事化的模式，讓員工兢兢業業，努力完成生產的任務。

前面談組織思想時曾討論過艮卦，它亦含有領導統御方面的思想。

艮卦的第三爻說道：

九三，艮其限，列其夤，厲薰心。[105]

「艮」意為抑止，「限」指人體上下部位交界處即腰部。「艮其限」意指抑止腰部的運動。此爻居全卦的中部，故有「艮其限」之象。此爻陽剛居下卦的上位，又陷於四個陰爻之間，

---

103 郭建勳注譯，前引書，頁 394。
104 同前註。
105 同前註，頁 404。

猶抑止過於偏激粗暴，以致「列其夤」，即上下分裂，眾叛親離；如此，抑止不當，則必將危厲，薰灼其心。[106]

　　領導者在面對組織成員的偏差行為時，其抑止的手段應寬容厚道，不可太粗暴，否則，易導致眾叛親離。

　　前面談經營策略時，曾論及豐卦，它也含有領導統御的思想。

　　豐卦的第五爻說道：

　　六五，來章，有慶譽，吉。[107]

　　「章」，指文采，喻賢才。「來章」即為召來賢才。此爻雖為陰爻，但居尊位，下應九二，故能召來天下賢才，共保豐沛盛大局面，故有喜慶美譽而吉。[108]

　　此爻說明了一個領導統御的原則就是廣納賢才，以共保豐沛盛大的局面。如江海之納百川，以成其大。

　　前面談經營策略時，曾論及旅卦，它亦含有領導統御的思想。

　　旅卦的第三爻說道：

　　九三，旅焚其次，喪其童僕，貞厲。[109]

---

106 郭建勳注譯，前引書，頁404。
107 同前註，頁428。
108 前註。
109 同前註，頁434。

　　此爻陽剛居下卦之極，不得中，猶行旅之中，行為過於剛亢，以致客舍被焚，童僕逃亡，故告誡其守正防屬。[110]

易經第五十八卦：兌卦，亦含有領導統御的思想。

　　兌卦的卦形為：「 」，上下卦均為兌，詞義為欣悅。兌卦卦辭的〈彖傳〉說道：

　　〈彖〉曰：兌，說也。剛中而柔外，說以利貞，是以順乎天而應乎人。說以先民，民忘其勞；說以犯難，民忘其死。說之大，民勸矣哉。[111]

　　「說以先民，民忘其勞；說以犯難，民忘其死。」這句話是說：領導者身先士卒，部屬就會忘記辛勞；領導者冒險犯難，部屬也會奮不顧身。因此，本〈彖傳〉說明了一個領導統御的原則就是：「身先士卒」。

　　兌卦的第五爻說道：
　　九五，孚於剝，有厲。[112]

110　郭建勳注譯，前引書，頁434。
111　同前註，頁445。
112　同前註，頁449。

「孚」：相信，「剝」，消剝，指消剝陽剛的陰柔小人，即上六。此爻陽剛中正而處君位，但上近上六，猶被諂媚小人所包圍，因而相信小人，以致陽剛氣概遭剝落而有危險。[113]

此爻說明了一個領導統御的原則，就是：不要相信小人。

兌卦的上爻說道：

上六，引兌。[114]

「引兌」意為引誘別人相與欣悅。

此爻以陰爻居兌卦的極位，猶不擇手段，取悅於人，引誘九四、九五兩個陽爻與之相悅。[115]

此爻說明了一個領導統御的原則，即：要提防小人引誘相悅。

易經第五十九卦：渙卦，亦包含領導統御的思想。

渙卦的卦形為：「　　　」，下卦為坎，上卦為巽。詞義為渙散。

渙卦的卦辭說道：

渙，亨，王假有廟，利涉大川，利貞。[116]

---

113 郭建勳注譯，前引書，頁449。
114 同前註，頁450。
115 同前註。
116 同前註，頁451。

　　渙卦下坎為水，上巽為風，風吹過水面，水波離散，故名渙。引申為人事，則君王於天下渙散時，承擔起聚民的重任，故得亨通。此時，當先祭祀於宗廟，以示聚民之誠，然後，可涉越險阻，開創大業。[117]

　　此卦辭說明了一個領導統御的原則，就是當組織渙散之時，領導者要負起凝聚眾人力量、重建大家信心的責任。

　　渙卦的第五爻說道：
　　九五，渙汗其大號，渙王居，无咎。[118]
　　「渙汗」：散發汗水，汗水散則不可收，以喻號令出則不更改。「渙王居」：「居」表示積聚的財物。「渙王居」就是散發積蓄以聚人心。[119]

　　此爻說明了一個領導統御的原則，就是：「恩威並濟」。

　　前面談經營策略與競爭策略時，均曾討論過中孚卦，它也含有領導統御的思想。
　　中孚卦的第五爻說道：
　　九五，有孚攣如，无咎。[120]

117　郭建勳注譯，前引書，頁451。
118　同前註，頁456。
119　同前註。
120　同前註，頁471。

「攣如」：為牽繫之狀。此爻得中得正，陽剛充實，居於尊位，猶具備誠信之德以維繫天下，故无咎。[121]

此爻說明了一個領導統御的原則，就是：「以誠信維繫部屬」。

易經的領導統御思想小結：

（一）彼此尊重，不爭居首位——集體領導。（乾卦）

（二）以貴下賤（以尊貴的身分而居於低下之位）。（屯卦）

（三）禮賢下士。（屯卦）（泰卦）（復卦）（晉卦）

（四）能以眾正（能率領兵眾走上正道）。（師卦）

（五）持中不偏。（師卦）（履卦）（泰卦）（大有卦）（隨卦）（旅卦）

（六）嚴明紀律。（師卦）

（七）三驅策略（不強留員工）。（比卦）

（八）以誠信回報部屬，並同享富貴。（小蓄卦）

（九）定分（辨別尊卑上下）。（履卦）

（十）以果決貞正的態度行事，以免造成部屬不滿。（履卦）

（十一）上下交融應合。（泰卦）（咸卦）

（十二）建立共同的目標，結合大家的力量。（同人卦）

（十三）勤勞與謙虛。（謙卦）

（十四）視部屬如子弟。（臨卦）

---

121 郭建勳注譯，前引書，頁471。

（十五）以人格感召部屬。（臨卦）

（十六）勿用甜言蜜語來對待部屬。（臨卦）

（十七）與部屬建立親密的關係（搏感情）。（臨卦）

（十八）明智地選用賢臣，以為輔佐。（臨卦）

（十九）以敦厚對待部屬。（臨卦）（損卦）

（二十）自我省察、以身作則。（觀卦）

（二十一）以法明示天下，並以權威行之。（噬嗑卦）

（二十二）運用權威，伺機而動。（無妄卦）

（二十三）謹言慎行，以免遭到部屬的蔑視與厭惡。（頤卦）

（二十四）黨同伐異。（離卦）

（二十五）帶人帶心。（咸卦）

（二十六）以寬容對待部屬。（明夷卦）（艮卦）

（二十七）堅忍不拔。（蹇卦）

（二十八）虛中自損。（損卦）

（二十九）在開革員工時，要公布其罪狀，沉穩地採取適當的步驟，不要倉促行事。（夬卦）

（三　十）喜怒不要形於色。（夬卦）

（三十一）處罰員工時，要果決行事。（夬卦）

（三十二）明訂法令且通告周知。（姤卦）

（三十三）親民愛民。（姤卦）

（三十四）以誠信貞正會聚眾人。（萃卦）

（三十五）謙虛對待部屬而會聚眾人。（萃卦）

（三十六）長守貞正，則可與部屬誠信相通。（臨卦）

（三十七）任用賢能，不自專權。（升卦）

（三十八）端莊正直，嚴守使命。（鼎卦）

（三十九）威權統治（震卦）

（四　十）廣納賢才。（豐卦）

（四十一）身先士卒。（兌卦）

（四十二）不要相信小人。（兌卦）

（四十三）要提防小人引誘相悅。（兌卦）

（四十四）當組織渙散時，領導者要負起凝聚眾人力量、
　　　　　重建大家信心的責任。（渙卦）

（四十五）恩威並濟。（渙卦）

（四十六）以誠信維繫部屬。（中孚卦）

十一、易經的激勵思想

易經的師卦包含的管理思想非常的豐富，除了前面已談過的創業理念、經營策略、競爭策略、用人思想與領導統御思想之外，還含有激勵思想。

師卦的上爻說道：

上六，大君有命，開國承家，小人勿用。[1]

此爻言班師回國，論功行賞。「開國」指冊封為諸侯國，「承家」指授與大夫之職。

此爻居最上位，既有戰爭結束，班師回朝之象，亦有天子行賞之象。功大者，封為諸侯，功小者封為大夫。[2]

這裡說明了一個激勵的原則，就是：論功行賞。

易經的激勵思想小結：

（一）論功行賞。（師卦）

1　郭建勳注譯，前引書，頁 73。
2　同前註。

十二、易經的組織變革思想

　　有人解釋《易經》的「易」即為「變易」[1] 因此，《易經》中也包含很多有關組織變革的思想，諸如：革卦、鼎卦與巽卦等三卦。

　　先談革卦。革卦就是專門論述「變革」這個議題的，

革卦的卦形為：「　䷰　」，下卦為離，上卦為兌，詞義為變革。革卦的卦辭為：

　　革，巳日乃孚，元、亨、利、貞，悔亡。[2]

　　革卦下離為火，上兌為澤，火燥澤濕，相互衝突，衝突的結果，可能會導致變革。變革需把握時機，「巳」為十二地支的第六位，「巳日」表示事物的進行已至中期，新的一半即將開始，此時，進行變革乃可取信於人。《易經》最重視變化，變則通，變是事業的起點，故言其有「元、亨、利、貞」四德；

---

1 郭建勳注譯，前引書，導讀，頁 8。
2 同前註，頁 378。

變革是嶄新的事業，總會有不足之悔，但變革代表著前進與未來，故終得「悔亡」。[3]

因此，此卦辭說明組織變革應掌握時機，以取信於人。

巴西塞氏企業的組織變革

一九八〇年代初期，塞姆勒從父親手中接下公司，擔任執行長。當時，他還不滿二十，剛自哈佛大學畢業。起先，他以傳統方式管理公司，大刀闊斧削減組織規模，企圖挽救瀕臨破產的公司。他大小事務一把抓，由上到下以嚴謹紀律掌控一切。他的作法導致公司氣氛緊繃，員工飽受壓力，這種工作狂的生活型態也拖垮了他的健康。生病讓他意識到，公司必須作調整，塞氏企業就此出現轉折。塞姆勒的病痛迫使他大幅調整工作模式，重新省視自己的管理風格。[4]

塞姆勒趁著自己生病的時候，對自己做了深刻的檢討，找出病因，重新做了調整，使得塞姆勒自己本身與塞氏企業有了近一八〇度的改變，讓塞氏企業成為人人讚羨的一家公司。

革卦卦辭的〈象傳〉說道：

3 郭建勳注譯，前引書，頁378。

4 查爾斯·韓地原著，汪芸譯，《大師論大師》，(台北：天下遠見出版公司，2005年)，頁161。

〈彖〉曰：革，水火相息，二女同居，其志不相得，曰革。巳日乃孚，革而信之；文明以說，大亨以正；革而當，其悔乃亡。天地革而四時成，湯武革命，順乎天而應乎人。革之時大矣哉！[5]

此〈彖傳〉除了強調卦辭中所說的：「巳日乃孚」，「革而信之」之外，更進一步引伸出「文明以說」與「大亨以正」，以論述變革的正當性。「文明以說」乃是指革卦下離為火為明，上兌為悅，其意為：變革代表文明的進步，因而能使天下喜悅。「大亨以正」乃是指卦辭中所說，革卦具有元、亨、利、貞四德，強調其中「亨」、「貞」二德，故曰：「大亨以正」（貞、正也）。

此〈彖傳〉再繼續引申出：「天地革而四時成」，「四時」即「四季」，「天地革」乃地球繞日公轉，同時，也以傾斜23度27分之軸自轉，當太陽直射北迴歸線時，北半球即為夏至，當太陽直射南迴歸線時，北半球即為冬至，因而形成四季。此〈彖傳〉更進一步引伸出：「湯武革命，順乎天而應乎人」，以強調革命的正當性。

革卦的第三爻說道：
九三，征凶，貞厲，革言三就，有孚。[6]

5 郭建勳注譯，前引書，頁379。
6 同前註，頁382。

　　此爻陽居陽位，處下卦的上位，並與上六有應，有變革之時急於求成之象，故誡其征凶、貞厲（征凶：急於前往。貞厲：守持貞正以防危厲）。變革往往要幾經曲折才能成功，必須長久地保持誠心。[7]

　　革卦的第五爻說道：
　　九五，大人虎變，未占有孚。[8]

　　「虎變」乃勢如猛虎果斷變革。「未占」即勿占，猶言「毫無疑問」。此爻陽剛中正而居尊位，下應六二，為變革的主導力量，故「大人虎變」則可取信於民。[9]

　　前述之巴西塞氏企業執行長塞姆勒採行的改革措施共有下列五項：
　　（一）員工鬆綁：包括上下班打卡、服裝儀容規定、公司門禁安檢措施與主管專有的辦公室都走入歷史。
　　（二）人人參與決策：塞姆勒為了減輕自己的工作量，於是讓更多人參與決策過程。第一步是拿掉毫無必要的組織層級。塞姆勒接掌塞氏企業時，公司從上到下共有十一個層級，如今擔任第一線工作的車床工與所屬部門的總經理間只差了一個層級。塞姆勒還引進更多

7　郭建勳注譯，前引書，頁382。
8　同前註，頁383。
9　同前註。

新觀念加以測試。當時公司有座工廠必須遷移，因此，他暫停營業，用巴士將所有員工載往三個可能遷廠的預定地進行勘查，再以投票方式，由員工決定新廠地點。

（三）工人管理工廠：塞姆勒成立「工廠委員會」來管理工廠，試圖加深工人的參與程度。員工可以自行決定薪資，這個理念對工廠委員會產生鼓舞，他們主動節約開支，對不能增加價值的工作程序或管理層級提出質疑。委員會的信心逐漸增強，對傳統管理方法的抨擊也層出不窮。公司旗下的工廠與企業日漸增多，演變出許多自治單位，盈虧自負。員工有權聘請經理人，也能決定讓他走路。

（四）所有員工分享利潤：塞姆勒對所有員工推動了影響深遠的分紅計畫。

（五）員工自行拓展業務：公司內的自治單位開始拓展新的業務。塞氏企業因此日漸壯大，關鍵在於員工主動出擊。[10]

塞姆勒得到所有員工的信任，進行了勢如猛虎般的變革，結果，「員工當老闆，老闆成作家」，塞姆勒接手公司十年後，塞氏企業的規模成長六倍，生產力增加七成，利潤上升五倍，成效斐然。[11]

革卦的上爻說：

10　汪芸譯，前引書，頁 162-164。
11　同前註，頁 166。

上六，君子豹變，小人革面，征凶，居貞吉。[12]

「豹變」：如豹之變革，相對於「虎變」，則變革的程度較小。此爻以陰柔居革卦的上位，猶變革之業將成，又如君子協助大人的變革，如豹從猛虎一樣。此時，仍須小心謹慎，不可躁進。[13]

前面談領導統御思想時，曾論及鼎卦，它亦含有組織變革的思想。

鼎卦的初爻說道：

初六，鼎顛趾，利出否，得妾以其子，无咎。[14]

「顛趾」意為顛倒鼎足，即將鼎翻倒過來。「出否」意為倒出廢舊之物。

此爻處變革之始，上應九四，故有顛鼎出否，排除舊穢，納布新制之象。[15]

此爻說明除舊佈新，沒有禍害，以鼓勵大家勇於革新。

---

12 郭建勳注譯，前引書，頁384。
13 同前註。
14 同前註，頁387。
15 同前註。

日本花王公司

　　日本花王公司原係製造肥皂的傳統公司，後來擴展到化妝品業，甚至開始生產磁碟片，如今被視為日本做最富創意的公司。花王董事長說，公司藉著「生物性自我控制」向前推進。許多小單位憑著自己的創新力積極追求自己的目標。維繫花王的是一群教練型的領導人，他們協助整合站在第一線、具有創新精神的員工所提出的構想，促使每一個員工不斷去探索、分享與學習。[16]

　　鼎卦的第二爻說道：

　　九二，鼎有實，我仇有疾，不我能即，吉。[17]

　　「仇」，仇敵，即革新的反對者。「疾」，嫉恨也。「不我能即」，猶言「不能即我」。即，指加害。此爻陽剛充實，居下卦之中，上應六五，猶推行革新的重臣，美德充實。且革新亦有實在的內容，故雖有反對者嫉恨，而終能免害獲吉。[18]

　　此爻說明變革要有實質的內容，推行改革的人則必須具備美德，如此，才能消除反對者的疑慮。

　　鼎卦的第三爻說道：

---

16 汪芸譯，前引書，頁 89-90。
17 郭建勳注譯，前引書，頁 388。
18 同前註，頁 389。

九三，鼎耳革，其行塞，雉膏不食。方雨虧悔，終吉。[19]

「鼎耳」乃鼎的關鍵部位，喻六五。此爻陽剛勢盛，維新心切，但與六五不應合，以致引起矛盾，導致維新受阻，如雉膏般鮮美的維新內容無法為人所接受，但必將有陰陽和合之雨降臨，終得矛盾消解而獲吉。[20]

此爻說明革新時，內部要充份溝通，以免造成矛盾，阻礙革新的進行。

鼎卦的第四爻說道：

九四，鼎折足，覆公餗，其形渥，凶。[21]

「公」，指王公。「餗」，糝也，八珍之膳。「渥」，沾濡之狀。此爻緊承六五，又下應初六，所任極重，而陽居陰位，有革新的層面過多，不堪其任之象，以致鼎折足，傾覆了王公的美食，並使鼎身受到沾濡，如此，必有凶險。[22]

此爻說明革新須考慮所能承擔的負荷，若革新者的負荷過重，將造成革新的挫敗。

鼎卦的第五爻說道：

---

19 郭建勳注譯，前引書，頁 389。
20 同前註，頁 390。
21 同前註。
22 同前註，頁 391。

六五，鼎黃耳金鉉，利貞。[23]

「鉉」，舉鼎的器具，即鼎杠。此爻柔居中位，處尊位而下應九二，它執鼎之耳，握鼎之杠，在革新事業中舉足輕重，能持中守正，剛柔兼備，故必能有利。[24]

此爻說明：在變革時，要持中守正，剛柔兼備。

鼎卦的上爻說：

上九，鼎玉鉉，大吉，无不利。[25]

「玉鉉」，用玉裝飾的鼎杠。玉為溫潤之物。「玉鉉」代表以溫潤之性而調和其陽剛之體。此爻居鼎卦之終，猶除舊佈新的事業已大體完成，此爻又陽居陰位，猶能以溫潤之性而調和其陽剛之體，溫和施治，如此，必能使新創的事業興旺發達。

此爻說明了：在除舊佈新將成之時，溫和施治，無所不利。

前面談經營策略時，曾論及巽卦，它也包含了組織變革的思想。

巽卦的第五爻說道：

九五，貞吉，悔亡，无不利。无初有終，先庚三日，後庚三日，吉。[26]

---

23 郭建勳注譯，前引書，頁391。
24 同前註，頁392。
25 同前註。
26 郭建勳注譯，前引書，頁442。

　　「庚」為天干的第七位，「庚日」表示已過中數，此表示
實行變革的適當時機（同革卦卦辭中的「巳日」）。此爻中正，
故吉而無不利；陽剛居尊，當巽之時，剛直申命，初難以為人
接受，但終得實行，故言「无初有終」。「先庚三日，後庚三
日」，言其變革能有步驟地實施，使民眾順從。[27]

　　此爻說明，實施變革要守持貞正，且要按照計劃，逐步推
行，方能成功。

森思百瑞公司的組織變革

　　森思百瑞是英國最大的家族式企業，發源於一百三十
年前森思百瑞夫婦在倫敦街頭創辦的一家乳品雜貨店。經
過三代家族成員的努力，森思百瑞零售業不斷發展壯大，
曾一度以高質量商品成為英國中產階級購物的首選。

　　到了二十世紀九〇年代，英國零售市場擠進了眾多對
手，人們的消費觀念也發生了變化：消費者更需要廉價、
便利、多樣化的商品和服務。森思百瑞當時採用的家族管
理模式等級鮮明，下屬的參與意識和創新精神都受到壓
制，使當時的決策者對外界的變化無動於衷。就在其他超
市紛紛擴大商場規模，開發小型便利店、推行顧客會員卡
制度以吸引顧客時，森思百瑞卻墨守成規，拒絕改變，甚

---

27 同前註，頁 443。

至將營業額的降低歸因於顧客購買力的下降。在激烈的市場競爭中，森思百瑞有如一位行動遲緩的老者，被後來居上的泰斯克遠遠拋在後面。

一九九八年，森斯百瑞第四代傳人戴維在幾年的慘澹經營後，最終選擇了退商從政，成為思百瑞家族最後一位經營者。公司董事會決議，首次委派了一位外姓人士擔任公司執行主席，並聘請了一位在公司工作長達三十五年之久的職員擔任總裁，從此徹底結束了由家族成員掌管其企業的歷史。新領導層接手後，徹底改變了森思百瑞的企業文化，雇員的意見得到了尊重，收銀小姐與公司董事長互稱同事，公司將大筆資金投入到商場擴建、商品開發和廣告設計上。

幾年下來，森思百瑞重視青春活力，不但在服務上可以與任何一家超市抗衡，更以其歷史悠久的高質量商品將顧客重新吸引回來。時至今日，森思百瑞已發展成一家擁有雇員十八萬人，年營業額兩百五十億美元的零售業巨頭。而擁有百分之四十股份的思百瑞家族雖不再參與管理，也同樣可以享受其企業創造的鉅額財富，從而一直保持在英國首富行列。正如奇異公司 CEO 伊梅爾特所說：「我不太喜歡專業經理人這種說法，它缺乏激情和願望，對於家族企業來說，最好的結合點是把一些專業經理人的管理方法與企業家精神結合起來。」[28]

---

28 殷涵著，前引書，頁 90-91。

在這個案例中，似乎看不到什麼困難與阻力，符合革卦卦辭的〈彖傳〉所說的：「順乎天而應乎人」、「革而當、悔乃亡。」

為何說它是「順乎天而應乎人」呢？因為它符合「經營權與所有權分離」的時代趨勢，「四代」應該是個恰當的時間，因為，第二代可說是跟著第一代苦出來的，但是，第三代可以說沒吃過苦，第四代更不用說了，與其自己慘澹經營不如交給專業經理人，自己去做自己想做的事，豈不是皆大歡喜。當然有些變革也是情非得已。例如：民國七十年，潤泰紡織欲將生產作業改為自動化，對那些女工來說，情何以堪，因為，生產作業改為自動化後，勢必要裁員，那麼，大家都會想一個問題：「我會被裁掉嗎？」不安的氣氛逐漸瀰漫整個廠區，如此，士氣會提高嗎？生產力會提高嗎？滿足感會增加嗎？其答案，不言可喻。

因此，改革的阻力就產生了，無法「順乎天而應乎人」，改革的路，就很難走了。

易經的組織變革思想小結：

（一）組織變革應掌握時機，以取信於人。（革卦）

（二）變革代表文明的進步，因而能使天下喜悅。（革卦）

（三）革命要順天應人。（革卦）

（四）變革往往要幾經曲折才能成功，所以，必須長久地
　　　保持誠心。（革卦）

（五）領導者要勢如猛虎果斷地進行變革，如此，則可取
　　　信於民。（革卦）

（六）勇於革新，除舊佈新。（鼎卦）

（七）變革要有實質的內容，推行改革的人則必須具備美
　　　德，如此，才能消除反對者的疑慮。（鼎卦）

（八）革新時，內部要充份溝通，以免造成矛盾，阻礙革
　　　新的進行。（鼎卦）

（九）革新須考慮所能承擔的負荷，若革新者的負荷過重，
　　　將造成革新的挫敗。（屯卦）

（十）在變革時，要持中守正，剛柔兼備。（鼎卦）

（十一）在除舊佈新將成之時，須溫和施治，則無所不利
　　　（鼎卦）

（十二）實施變革要守持貞正，且要按照計劃逐步推行，
　　　　方能成功。（巽卦）

十三、易經管理思想對
現代管理的涵意

　　本書將易經管理思想區分為創業理念、經營理念等十大部份。茲分別說明他們對現代管理的涵義。

（一）創業理念：

　　易經談論的創業理念共有二十四則，適用於建立一個國家，也適用於創立一個企業。如：乾卦的初爻說：「潛龍勿用」，建議創業者要養精蓄銳，等待時機，不可盲動。

　　乾卦的第三爻說：「君子終日乾乾，夕惕若，厲无咎。」要我們效法天的剛健精神，發憤自強，並要小心謹慎行事。

　　乾卦的第六爻說：「亢龍有悔」，說明事業有成時，須收斂，以免做出日後會後悔的事情。

　　乾卦的第七爻說：「見群龍无首，吉」，意味：事業有成時，須謙卑，不要強居首位。

　　以上乾卦的四爻可以說都適用於企業組織。

　　現試擬「易經創業理念是否適用於企業之檢討表」如表一，用以檢核。

表一　易經創業理念是否適用於企業之檢討表

項次	卦名	創　業　理　念	適用於企業 是	否
一	乾	養精蓄銳，等待時機，不可盲動。	√	
二	乾	效法天的剛健精神，發憤自強，並要小心謹慎行事。	√	
三	乾	事業有成時，須收斂，以免做出日後會後悔的事。	√	
四	乾	事業有成時，須謙卑，不要強居首位。	√	
五	屯	草創期應著重紮根的工作，以固其根本，漸次發展成長。	√	
六	屯	創業期要不畏艱難，努力發憤，勤於經營。	√	
七	屯	如無人輔佐，則不可冒進。		√
八	屯	禮賢下士，將有利於打破艱難局面，有利於事業的發展。	√	
九	屯	在艱難局面即將扭轉前的極端困頓的狀態中，要恆久忍耐，以渡過難關。	√	
十	訟	在行事之前，應先進行周密的考慮，以避免爭訟。	√	
十一	師	能端正兵眾，就可以做為天下的君王了！		√
十二	履	要謹慎行事，不可不自量力，不可妄為盲動。僅有武力而缺乏美德的人，是不可能成為偉大的君主的。		√
十三	豫	眾樂之時，有利於開創事業，討逆安民。		√
十四	升	順行美德，積聚微小以逐漸成就崇高偉大的事業。	√	
十五	小過	要衡量自己的實力，不要做超過自己實力太多的動作。	√	
十六	既濟	事業成功的時候，雖有美服，而穿破衣，以示警惕。		√
十七	既濟	事成之時，當虔誠儉樸地祀神以受福。	√	
十八	既濟	事成之時，要小心謹慎，以免生變。	√	
十九	未濟	事未成之時，須更加努力，也要更加小心謹慎。	√	
二十	未濟	不可輕率前行，要審慎地自我節制。		√
廿一	未濟	事未成之時，急於行進必有凶險，但此時斷然冒險以求突破，或許能突破困境。	√	
廿二	未濟	事未成之時，當奮發努力以促其事成。	√	
廿三	未濟	事未成之時，守正誠信，可獲吉祥。	√	
廿四	未濟	事未成而即將出現轉機時，切不可逸樂過度而有失正道。	√	

　　由該表中，第七、十一、十二、十三、十六與二十等六項
管理原則不適用於現代企業組織，謹說明如下：

1.第七項：「如無人輔佐，則不可冒進。」
　　經營企業，不像治理一個國家。企業的風險較小，如在可
　　承擔的範圍內，則可勇往直前。許多人創業，都是帶著一、
　　二個幫手，就開始進行了。例如：松下幸之助創業之初，
　　就是自己和妻子梅乃以及大舅子井植歲男三人。目前，在
　　台灣已有六百家分店且已進軍中國大陸的拉亞漢堡，七年
　　前，在桃園新屋，也是總經理徐和森先生帶著妻子與一位
　　鄰居太太三個人開始創業的。
2.第十一項：「能端正兵眾，就可以做為天下的君王了！」
　　經營企業，當然，也要約束部屬的行為，不能放任他們為
　　非作歹。但是否如此就可以讓企業成長而成為該行業的老
　　大，則很難說了！
3.第十二項：「要謹慎行事，不可不自量力，不可妄為盲動。
　　僅有武力而缺乏美德的人，是不可能成為偉大的君主的。」
　　此項原則的前半段，可適用於企業，後半段若更改為：「僅
　　有金錢而缺乏美德的人，是不可能成為偉大的企業家的」，
　　似仍可適用於企業。
4.第十三項：「眾樂之時，有利於開創事業，討逆安民。」

經營企業，尤其在創業之初，一般來說，都是相當艱苦的，只有在慶功宴或年終尾牙時，才有歡樂的氣氛。企業主當適時製造歡樂的氣氛，以鼓舞員工士氣。

5.第十六項：「事業成功的時候，雖有美服，而穿破衣，以示警惕。」

企業主在事業有成之後，為了彰顯自己的身份地位，通常都會穿手工剪裁、量身訂做的高級西服。但是，如在工廠內，如此穿著將與員工格格不入。所以，松下幸之助要求自己與各級幹部在工廠裡一律穿著工作服，以彰顯大家同舟共濟的精神。

6.第二十項：「不可輕率前行，要審慎地自我節制。」

此原則與（一）第七項原則的理由相似，就是經營企業的風險較小，如在自己可以承擔的範圍內，則可勇往直前。

從以上的檢討可知，易經的創業理念大體適用於現代企業。

（二）經營理念

《易經》談論的經營理念計有十八則，如：堅守正道、寬容、簡樸、明智、居安思危等，均適用於現代企業。值得一提的是大壯卦所強調的「不濫用強力」，在「購併」熱潮風起雲湧之際，有些公司在談判不成後，執意進行「敵意購併」，在股市高價收購對方公司的股票，強行進入董事會，搶奪經營權，這些都是《易經》所不樂見的。

（三）經營策略

《易經》談論的經營策略與企業所談論的經營策略相去甚遠，畢竟，由於企業目標與國家目標的差異甚大，所以，兩者

的經營策略也大不相同。不過，《易經》所闡述的一些經營策略，對企業而言，仍深具參考的價值。如：蒙卦的「樹立典範」，比卦的「增強凝聚力」與恆卦的「樹立恆久不變之道」等，均值得企業高階主管念茲在茲，持續不斷地實踐。

（四）競爭策略

　　《易經》談論有關競爭策略的原則計有八項，現試擬「表二　易經競爭策略是否適用於企業之檢討表」如下，用以檢核。

表二　易經競爭策略是否適用於企業之檢討表

項次	卦名	競　　爭　　策　　略	適用於企業	
			是	否
一	師	勢孤力單勿貪功躁進。	√	
二	同人	量力而為，不可強爭。	√	
三	謙	討伐驕逆		√
四	坎	設險以守其國。	√	
五	遯	以退為進。	√	
六	大壯	勿盲目亢進，以待強援。	√	
七	萃	戰備整備，以防不測。	√	
八	中孚	貞正誠信，以免樹敵。	√	

1.表二中的第一、二項有點類似，可以合併討論，現以蘋果電腦公司為例：

　　蘋果電腦對是否投入 PDA 的研發、生產困擾了很久，PDA是個時尚、流行的商品，但蘋果電腦的執行長 Jobs 認為在使用PDA 的消費者裡，有九成只從 PDA 獲取資訊而不輸入資訊，但很快地，手機就能提供這樣的功能，因此，Jobs 認為 PDA的市場只會越來越小，並據此決定蘋果電腦不進入 PDA 的市場。事後，蘋果電腦認為他們的決定是正確的，因為，如此，他們才可全力去研發 i phone，否則，他們將會陷入 PDA 這個逐漸衰退的市場而無法自拔。[1]

2.第三項：「討伐驕逆」

　　對企業來說，當然沒有這方面的問題，可忽略不計。

3.第四項：「設險以守其國」

　　對企業來說，把「國」改為「市場」即可。企業如何「設險以守其市場」呢？也就是設立「進入障礙」，常用的方法，如：
(1)技術領先，讓競爭對手無從追趕。
(2)採低價策略，讓競爭對手覺得無利可圖，而不願加入戰局。

4.第六項：「勿盲目亢進，以待強援」

　　目前，許多企業都採用策略聯盟的方式，和其他企業合作。如：宏碁為了開發中國大陸市場與方正集團策略聯盟，即宏碁以「方正」的品牌透過方正的經銷商來銷售宏碁的產品，且利

---

1 于卓民等著，《國際行銷學》，(台北：智勝文化公司，2009 年)，頁 211-215。

用方正集團的維修據點來做售後服務，宏碁支付七千萬美元給方正集團，為期七年。[2]

5.第七項：「戰備整備，以防不測」

　　經營企業也和治理國家一樣，要注意競爭對手的一舉一動以及潛在競爭對手的加入。要準備好充足的存貨，要注意生產線的產能利用率，機器設備的妥善率，隨時準備應付突發的狀況，才能掌握商機，滿足客戶的需求。

6.第八項：「貞正誠信，以免樹敵」

　　對上、下游廠商與策略聯盟的夥伴要「貞正誠信」，若破壞了彼此的關係，他們可能就會轉向競爭對手的陣線，甚至成為了我們的競爭對手。

　　綜上所論，易經所談論的的競爭策略幾乎都可運用於企業，老祖宗的智慧真令人佩服。

（五）規劃思想

　　《易經》的規劃思想包括：訟卦的：「作事謀始」與履卦以及小過卦均談論到的：「客觀評估本身實力」，這兩項原則。「作事謀始」就是告訴我們，作事之初，就要有所預謀，不要沒有規劃就魯莽行事，很容易導致失敗。很多事情，都須要預作準備，即前置作業，若前置作業尚未完成，即貿然行事，勢

2 經濟日報，2010 年 8 月 5 日，A3 版。

必窒礙難行。所以，事前的準備功夫是非常重要的。另外，「客觀評估本身實力」也很重要。在「SWOT」分析中，要客觀的評估自己的強項與弱點，才不致作出錯誤的決策。

（六）組織思想

　　《易經》包含的組織思想較少，僅有艮卦所談論到的「不越權」此一原則。

　　艮卦卦辭的〈象傳〉說道：「君子以思不出其位」，表示君子所思慮者不超出其職位權限，也就是「不越權」。這在封建社會是很重要的，因為君主怕官員造次，甚至造反。在現代企業，這也是很重要的組織原則，不過，在緊急狀況下，可能要彼此支援，這就要大家做適當的判斷了！

（七）用人思想

　　《易經》強調五個用人的原則，這五個原則亦適用於企業。如：師卦所論及的：「任用老成持重者擔當重任」、「任用年輕無經驗者擔當重任，可能會造成重大傷害」。還有師卦、剝卦與既濟卦均強調的：「不可任用小人」。井卦所說的：「任用賢臣」以及臨卦所強調的：「明智擇人，畀以重任」。可以說，都適用於現今的企業組織。

（八）領導統御思想

在《易經》六十四卦中，有三十五卦均論及領導統御這個
議題，本書共歸納出四十六則領導統御的原則。這四十六則領
導統御的原則，幾乎全適用於現代企業，諸如：師卦的：「持
中不偏」，泰卦的：「上下交融應合」、臨卦的：「視部屬如
子弟」、「以人格感召部屬」和「與部屬建立親密的關係」等。
比較特殊的，如：比卦的「三驅策略（不強留員工）」；比較
有爭議的，如：離卦的「黨同伐異」與震卦的「威權統治」等。
其他，對領導者來說，非常重要的，如：師卦的「嚴明紀律」、
咸卦的：「帶人帶心」、明夷卦與艮卦的：「以寬容對待部屬」、
夬卦的：「喜怒不要形於色」、兌卦的：「身先士卒」與渙卦
的：「恩威並濟」等。

郭董的領導統御

鴻海集團的富士康公司在員工連「十二跳」之後，有
人認為員工超時工作，每月加班時數超過一百小時，已超
過法定上限，有違法之嫌。另外，富士康的管理是否太嚴
苛？各級主管的領導統御風格是否有問題？有人批評富
士康是「血汗工廠」，壓榨勞工。事後，董事長郭台銘先
生進駐富士康廠區，並採取了一些補救措施，如：採二階
段加薪，由月薪人民幣九百元增至二千元（須符合條件
者）、增加心理輔導人員加強員工心理輔導等，「跳樓」
風波，才暫告平息。

　　郭董的領導風格以嚴格著稱，上行下效，基層員工可能就會感受到無比的壓力。經過愛妻、胞弟相繼過世、續絃生女等一連串的大事之後，郭董已漸由「硬」變「軟」，這到底是件好事，還是件壞事呢？

（九）激勵思想

　　在《易經》中，師卦有討論「激勵」此議題，師卦認為軍隊凱旋歸來後，要論功行賞，功勞大者，封為諸侯，功勞較小者，要封為卿、大夫，以激勵士氣。現代企業也當注意激勵此課題，採行各項激勵措施與辦法，以提振員工士氣。

（十）組織變革思想

　　《易經》談論組織變革此議題者，有革卦、鼎卦與巽卦等三卦，共歸納出十二則組織變革的原則。

　　組織變革要掌握時機（革卦），內部要充份溝通（鼎卦），變革要有實質的內容，推行變革的人，要具備美德，如此，才能消除反對者的疑慮（鼎卦），革新須考慮所能承擔的負荷，若革新者承擔的負荷過重，將造成革新的挫敗（鼎卦），變革往往要幾經曲折才能成功，所以，必須長久地保持誠心（革卦），實施變革要守持貞正，且要按照計畫逐步推行，方能成功（巽卦）。

　　歷史上，變法、革命多得不勝枚舉，但多以失敗收場，不知主事者有沒研讀《易經》？又從《易經》中得到了什麼啟示？

　　一個在成長中的企業組織必然會碰到組織變革的議題。例如：企業在多角化之後，原來的功能性組織勢必要改變為事業部的組織，而一個在地的公司發展為國際企業時，勢必要由集權式的組織轉變為地區分權式的組織。因此，組織變革的問題就自然而然的產生了，所以，一個企業在成長的的過程中，就像昆蟲要歷經：卵、幼蟲、繭、成蟲等階段，不斷地蛻變。如何可以順利的完成各階段的變革，考驗管理者的智慧與管理能力。《易經》可以提供我們一個指引，按照它的原則與步驟，可以讓我們變革的路走得順、走得穩。

十四、結　論

　　第一次接觸《易經》是在寫〈韓非論領導統御〉一文時，想對「領導統御」這個議題做文獻檢討。有一天，在翻閱《貞觀政要》時，讀到唐代大儒孔穎達在上太宗書中提出「以〈蒙〉養正，以〈明夷〉莅眾」，心想〈明夷〉卦可能與「領導統御」有關，於是，從書櫃中拿出已購買多時，只略為翻閱過的《新譯易經讀本》查閱〈明夷卦〉，果然沒錯，它與領導統御有關，摘錄了〈明夷卦〉之後，心想，不知是否還有其他的卦也與「領導統御」有關呢？於是，翻閱目錄，看到〈臨卦〉，馬上，「君臨天下」四個字閃過腦中，是啊！它應該也和「領導統御」有關吧！於是，將〈臨卦〉仔細讀了一遍，哇！有好幾爻都和「領導統御」有關呢！於是，將易經的〈明夷卦〉與〈臨卦〉兩卦，納入〈韓非論領導統御〉的文獻檢討中。寫完〈韓非論領導統御〉後，本想寫一本《帝王學》，於是，讀了《老子》與《易經》。讀完《易經》後，發現它包含了非常豐富的管理思想，就拿「領導統御」這議題來說吧，不只〈明夷卦〉與〈臨卦〉兩卦與它有關，另外，還有三十三卦都與它有關。這時，有點猶豫了，因為，假如要寫《帝王學》，還得再看《荀子》、《論語》等書，而先寫《易經的管理思想》，可以不必再作其他準

備，而直接提筆上陣，於是，就「插單」，先寫《易經的管理思想》。

真沒想到，《易經》包含了這麼豐富的管理思想：稍作整理，計有十卦論及創業理念，有十八卦論及經營理念，更有十九卦論及經營策略，當然，最多的，就是有三十五卦論及領導統御，如表三。而歸納出之管理原則，計創業理念：二十四則，經營理念：十八則等，詳如表三。總計歸納出的管理原則共一百三十八則，成果相當可觀。

作為儒家的「群經之首」，《易經》強調「持中守正」，在創業理念、經營理念、領導統御、組織變革等議題中，都可以看到它的蹤影。其次，《易經》強調：初始、漸增、完滿、衰弱的循環變化，而我們在產品生命週期等其他的現象中也看到了類似的變化，讓我們驚覺它的神奇與偉大。《易經》並未探討有關人性論的議題，顯示出《易經》成書於商鞅所說的「古之民樸以厚」的那個年代。[1] 而《易經》對創業理念與組織革新兩議題著力之深，也令人覺得不可思議：一本老掉牙的書，竟然對如此「新」的議題有如此深刻的見解。《易經》真得讓我們對它重新定位，它不但是一本哲學、文學、政治學的鉅作，也是一本管理學的鉅作呢！

---

1 商鞅原著，前引書，頁 79。

表三　易經包含之管理原則統計表

議　題	討論本議題的卦數	歸納所得之管理原則數
創業理念	10	24
經營理念	18	18
經營策略	19	21
競爭策略	8	8
規劃思想	3	2
組織思想	1	1
用人思想	5	5
領導統御思想	35	46
激勵思想	1	1
組織變革思想	3	12
		138

附錄一　八卦之卦形、卦象與卦義

卦　名	卦　形	取　象	卦　　象	卦　　義
乾	☰	三連	天	陽剛、健
坤	☷	六斷	地	陰柔、順
離	☲	中虛	日、火、電	光明、附麗
艮	☶	覆盌	山	抑止、停止
震	☳	仰盂	雷	震動
巽	☴	下斷	風、木	謙順、入
兌	☱	上缺	澤	欣悅
坎	☵	中滿	水、雲	險陷

附錄二　解釋名詞

（一）陰 爻 VS.陽 爻

陰爻為「 ▬ ▬ 」，陽爻為「 ▬▬▬ 」，。陰爻以「六」稱之，陽爻以「九」稱之。

（二）爻 位

每卦由上、下兩卦組成。上、下卦各有三爻，所以，每卦共有六爻。六爻自下而上，依次稱初、二、三、四、五、上，六爻分處的等級，稱為爻位。六級爻位自下而上，往往體現著事物由低級向高級漸次發展的過程，即從初爻開始萌發，經過二、三、四爻的進展，於五爻達到圓滿成熟，而於上爻表現為窮極而返。

（三）「當位」或「得正」

每卦六爻，有陰、陽之分。初、三、五爻為奇，為陽位；二、四、上爻為偶，為陰位。凡陽爻居陽位、陰爻居陰位，均稱「當位」或「得正」。

當位之爻，一般象徵符合正道，反之，則象徵違背正道。

（四）得　中

每卦六爻，第二爻為下卦的中位，第五爻為上卦的中位，居於中位的爻謂之「得中」。凡陰爻居二位，陽爻居五位，則謂「得中得正」，是為特別美善的象徵。

（五）「乘」或「凌乘」

凡卦體中陰爻處陽爻之上，構成柔者凌乘剛者，小人凌乘君子之象，則此陰爻相對其下的陽爻而言，便稱為「乘」，爻義多不太好。

（六）「承」或「從」

凡卦體中陰爻處陽爻之下，構成卑者、弱者順承尊者、剛者之象，則此陰爻相對其上的陽爻而言，便稱為「承」，亦謂「從」，爻義大略為當位者吉，不當位者不吉。

（七）「同位」與「應」

每卦的上下兩經卦均有下中上三爻，兩經卦相應之爻構成「同位」，即初與四、二與五、三與上分別同位；同位之爻皆兩兩交感對應，稱為「應」，若陽爻、陰爻相遇，謂之「有應」，象徵和諧有利；若陽與陽、陰與陰相遇，則謂之「無應」，象徵衝突無利。

（八）「比」

凡卦體中相鄰的兩爻稱為「比」。這種關係既表現為「乘」、「承」而又不限於此兩類，它主要象徵事物處於相鄰環境中的種種情狀。

（九）陽　卦 VS. 陰　卦：

〈易傳〉又將八卦分為陰、陽兩大類：乾、震、坎、艮為陽卦，坤、巽、離、兌為陰卦。這是因為乾由三陽爻組成，為純陽之卦，震、坎、艮均由一陽爻兩陰爻組成，其爻畫皆為五，為奇數、陽數，故為陽卦；坤由三陰爻組成，為純陰之卦，巽、離、兌均由一陰爻兩陽爻組成，其爻畫為四，為偶數、陰數，故為陰卦。

後　記

　　管理有一個所謂「普遍性」的特性，就是管理的理論與原則可適用於各種類型的組織。企業組織所發展出來的管理理論與原則，大部分均可適用於國家組織、宗教組織與軍隊組織。國父孫中山先生說：「政治就是管理眾人之事。」這也印證了管理的普遍性。

　　《聖經‧出埃及記》紀載：摩西帶領以色列人出埃及，過紅海來到西奈山，六十萬個以色列人有問題都去找他。摩西從早忙到深夜，也解決不了所有的問題。這時，摩西的岳父告訴他須找一些有才幹的人當「百夫長」來管理一百人；再找一些人「千夫長」來管理一千人。當百夫長及千夫長都解決不了的問題，再來找摩西。這是管理的組織原則中的分層原則，也就是把一個組織劃分為數個層級，如此管理者的控制幅度可以顯著減少，並減輕管理者的負荷。由此端倪《聖經》可能涵蓋許多管理思想。迄今筆者相繼已完成《法家管理思想》與《儒家管理思想》之文稿待付梓，後續再書寫《聖經的管理思想》，以饗讀者。

張廣福謹識於 2020.12.31